記 憶

著
ジョナサン・K・フォスター

訳
郭　哲次

星 和 書 店

Seiwa Shoten Publishers

2-5 Kamitakaido 1-Chome
Suginamiku Tokyo 168-0074, Japan

MEMORY

A very short introduction

by

Jonathan K. Foster

Translated from English

by

Tetsuji Kaku, M.D.

訳者まえがき

カレンダーや手帳を見ずには正確な日付が書けない。顔見知りなのに名前が出てこない。普段、私たちは、日常生活の中で、記憶に関する困難に遭遇し、恥ずかしい思いや、不安になることが少なくありません。記憶は、日常生活では欠くことのできない機能ですが、記憶に関して意外と知られていないことがたくさんあります。

私は、精神科医ですが、機会を得て医療系の大学で若い学生を対象に教鞭をとることになり、学生のエネルギーに日々圧倒されています。講義をするのに新しい知識を仕入れ、講義の準備をしていますが、自分の専門分野ですら、学生教育のためのすべての範囲を知識の上で網羅し駆使することはきわめて困難で、記憶機能の衰えを痛感しています。

私が本来専門とする心の病に現れる様々な症状にも記憶機能は欠かせない基盤となっています。近年、高齢者人口の増加にともない、記憶機能と深い関係がある認知症も爆発的な増加が危惧される時代となってきました。これと並行して医学の進歩も、日進月歩でこれまでは予想もできなかった抗認知症薬の開発もしのぎを削っています。アルツハイマー病のような認知症になると、一般には認知症の中核症状といわれる、健忘など記憶機能障害をはじめ様々な認知機能の障害が顕現化してきます。それぞれの症状が記憶という枠組みの中ではどのような位置を占めるのかとても興味のあるところです。

こころのはたらきに関する医学にも様々な分野がありますが、その基盤として重要な部分を担っている記憶に関する入門書の翻訳を、今回、させていただけることになりました。

一般に記憶に関する成書では、たくさんの専門用語が使用されており、同じ意味の用語でも書物によっては様々な表現が用いられていて難しく感じられたことはないでしょうか。本書の原著者の Jonathan K. Foster は、記憶研究の歴史に始まり、様々な重要記憶研究まで、豊富な具体例を用いて、明快にわかりやすく解説し、この、コンパクトな本書の中に、記憶に関する知識のエッセンスを凝縮しており、記憶機能に興味のある一般の方や学生、心理学や心の医学をこれから学ぼうとする方々にとって、記憶のはたらきを知るうえでは、とてもわかりやすい入門書です。

私たちの記憶の仕組みはどのように理解したらよいのか？　記憶は私たちにどういう恩恵を与えてくれるのか？　また逆に、人の記憶にはどんなデメリットがあるのか？　効率よく記憶するにはどうしたらよいのか？　日頃、私たちが抱いている疑問点を、本書で、詳しく学んでゆきたいと思います。

目次

第2章　記憶地図をつくる……43

1

第1章　記憶はあなたそのもの

もし、私たちが生まれながらに持っている能力で他の何にも増して不可思議と思えるものがあるとしたら、私、それは記憶力ではないかと思いますの。記憶というものの力や脆さや斑《まだら》には他のいかなる知的な機能よりも云うに云われぬ不可解なものがあるように思われます。

ジェイン・オースティン[*1]
『マンスフィールド・パーク』（大島一彦訳、中公文庫、二〇〇五）

この章では、私たちの日常行動のあらゆる局面において記憶がいかに大事であるかを中心に話をしたいと思います。記憶の機能がなければ、私たちは話をしたり、読んだり、対象が何であるかを確認（識別）したり、自分のおかれた環境のなかで進路を決め、人と人との関係を円滑に維持してゆくことはできません。この点を詳しく説明するために、文学や哲学といった関連分野の偉大な思想家の意見も交えて、実例と共に記憶に関する見解や考えを紹介します。次に、十九世紀後期のエビングハウス[*2]（Ebbinghaus）の研究にはじまり、一九三〇年代のバートレット[*3]（Bertlett）の研究を経て、記憶の近時情報処理モデルに関しての対象群を用いた実験研究へと発展を遂げた、記憶の系統的、科学的研究に関する歴史を概観します。最後に、今日私たちは、記憶についていかに学べばよいのかを考え、最新の記憶研究におけるすばらしい構想の根本原理について考えます。

記憶はなぜ大切なのか

神が与えたもうた非の打ちどころのないこの才能は、なぜ昨年の出来事より、今日の出来事のほうを覚えているのか、今日の出来事のなかでも一時間前の出来事のほうをよりよく覚えているのはなぜか？　また一方では、なぜ、年をとっても、子供のころの出来事をはっきり覚えているのか？　なぜ経験を繰り返すとその想起が強化されるのか？　なぜ、ドラッグ（麻薬）や熱病、窒息、興奮は長く忘れていたことを再び思い出させるのか？……こうした記憶の特性はとても不思議だ。しかも、我々は、直観的に、このような特性として捉えているのだが、その実態は逆なのかもしれない。したがって、明らかに、この記憶という能力は無条件に存在しているものではなくて、周囲の状況に依存している。この状況の探究が心理学者にとって最も面白い仕事となる。

ウィリアム・ジェームス[*4]（1890）*Principles of Psychology*, i.3より引用

＊1　ジェーン・オースティン（Jane Austen）
（一七七五—一八一七）イギリスの女流作家。『高慢と偏見』『マンスフィールド・パーク』『エマ』などの小説がある。本文の引用は『マンスフィールド・パーク』（文献㉖）の主人公ファーニーのせりふの一部。

＊2　エビングハウス（Ebbinghaus, Hermann）
（一八五〇—一九〇九）ドイツの心理学者。一八八〇年ベルリン大学講師、一八九四年ブレスラウ大学教授、一九〇五年ハルレの教授。記憶の忘却の研究。忘却曲線（本文で紹介されている）。自ら考案した「無意味綴り」を用い、記憶という複雑で入り組んだ現象を、数量的客観的に表現することをはじめて行った。『記憶について—実験心理学への貢献』（Uber das Gedachtnis, 1885）

＊3　バートレット（Bartlett, Frederick）
（一八八六—一九六九）イギリスの心理学者。一九三一年ケンブリッジ大学教授。記憶の研究では、エビングハウスの実験室内の厳密な研究に対し、有意味材料を用いた記憶変容の実験により「スキーマ」の概念を提案、実際の日常場面の記憶の解明に力を注いだ。

この引用において、ウイリアム・ジェームスは、記憶に関するたくさんの興味深い側面について言及しています。この章では、その魅力ある特徴について触れますが、もちろん、限られた紙面では、心理学的に研究された研究領域の全体のなかのほんの表層を概説することしかできません。

私たちが、何を、なぜ、いかに、記憶しているのかという問題へと、その研究領域が導かれてきた理由は明らかです。記憶は欠くことのできない心理過程です。「今、この瞬間は別として、人生のすべては記憶である」と著名な認知神経科学者マイケル・ガザニガ[*5]（Michael Gazzaniga）が述べています。記憶は、誕生日や休日のこと、そのほか、何時間、何日、何カ月、さらに、何年も前に経験した重要な出来事を思い出させてくれます。私たちの記憶は個人の「内部にある」ものですが、記憶なしには、私たちは「外部にある」活動に取りかかることができません――会話を続ける、友達の顔を認識する、誰かと会う約束を忘れないようにする、新しいアイデアで行動する、仕事をうまく運ぶ、歩き方を覚える、などの活動すべてです。

日常生活と記憶

記憶は、単に、以前出会った情報を思い出すことにとどまりません。過去の出来事の経験が、あとになってその人に影響を与える場合は常に、その先行体験は、その特定の過去の出来事に対する記憶の一つの投影として影響します。

＊4　ウィリアム・ジェームス（James, William）（一八四二―一九一〇）アメリカを代表する哲学者、心理学者。画家を志した時期もあり、対象は生物学、生理学、解剖学をはじめ多くの分野にわたる。一八七五年には、米国初の心理学の実験所を設立し、米国初の心理学の教授となる。ハーバード大学の教授（哲学）としても教鞭をとった。邦訳された著書に『心理学の根本問題（Principles of Psychology）』『信ずる意志』『純粋経験の哲学』『プラグマティズム』『哲学の諸問題』などがある。

＊5　マイケル・ガザニガ（Gazzaniga, Michael）
認知神経科学者。分離脳、左脳と右脳の研究。二〇〇一年より、大統領生命倫理評議会メンバー。邦訳されている著書に『社会的脳：心のネットワークの発見』『脳のなかの倫理：脳倫理学序説』『二つの脳と一つの心：左右の半球と認知』『マインド・マターズ：心と脳の最新科学』などがある。本文の引用は、Cognitive Psychology（E. Bruce Goldstein）「‘Everything in life is memory, save for the thin edge of the present.’ Gazzaniga（2000）. The thin edge of the present is what is happening right at this moment, but a moment from now the present will become the past, and some of the past will become stored in memory. What you will read in this chapter and the two that follow supports the idea that “everything in life is memory” and shows how our memory of the past not only provides a record of a lifetime of events we have experienced and knowledge we have learned, but can also affect our experience of what is happening right at this moment.」と説明されている。

記憶に関する気まぐれな特性について、例を挙げます。きっと、あなたは人生の中で、何千という硬貨を見てきているでしょう。しかし、ポケットに持っているごく普通の典型的な硬貨のことを克明に思い出すことができるかどうか考えてみましょう。ポケットの硬貨を見ないで、記憶をたどりながら、その硬貨の特徴を二、三分で、描いてみてください。さあ、あなたの描いたものと実物の硬貨を比較してください。その硬貨についてのあなたの記憶はどれだけ正確だったでしょうか？　たとえば、その表裏の向きは正しいでしょうか？　コインに文字がある場合は、そのコインに配置されていることばをいくつ思い出せますか？　そのことばを正確に配置できましたか？

一九七〇～一九八〇年代に、系統的学術研究が、まさにこの問題へと導かれていきました。実際、たいていの人は、コインのようなごくありふれたものの記憶が乏しいということを、研究者らは、発見しました。これは、このタイプの記憶を私たちは当たり前のことと考えがちであることを表しています（実際は、この記憶は、ある意味で、実在しません！）。たとえば切手、あるいは、仕事場の同僚のいつもの服装を隅々まで思い出すなど、周りのありふれたもので試してみてください。ここで大事なことは、私たちは、最も目立った、自分に役に立つ情報を記憶する傾向があるということです。たとえば、硬貨の

図1． 一般に、硬貨のような非常に慣れ親しんだものに対する私たちの記憶は、予想以上に悪い。

表裏や、記載されている文言より、硬貨のサイズや特徴や色を思い出すほうが、はるかに都合がよいでしょう。なぜなら、お金を使う際に、サイズや特徴や色は私たちにとってより実用的な意味があるからです（言い換えれば、お金は換金したり支払いをしたりすることを主な目的とした道具として用いられています）。そして他人のことを思い出すとき、私たちは、（その時々の服装などの）変化するものより、主として、顔のような比較的変化しない目立った特徴を思い出します（しかも、これが他人を識別するのにとても役立ちます）。

硬貨や服装ではなく、学生が①講義に出席し、②その後、試験場で、講義で教わったことを首尾よく思い出す場合の記憶の役割を考えるほうが、おそらく、一般にはストレートでわかりやすいでしょう。これは学生時代からなじみの深いタイプの「記憶」です。しかし、その講義やその情報そのものが「記憶」にない場合（つまり、講義自体のこと、または、その文脈の中に提示されているその文脈の中での特定の具体的な情報〈これはエピソード記憶という〉[*6]を思い出さず）、その代わりにその講義から得た情報をより文脈のない一般的な形で使用している場合には、記憶がその学生にとって効果的な役割を果たしているかどうかは定かではありません。

学生が、講義で提示された知識を一般的な情報として利用する場合、この知識を意味記憶[*7]（semantic memory）に登録したと、われわれは表現します。この意味記憶は、私たちが「一般知識（general knowledge）」と呼んでいるものと、ほぼ同義です。さらに、もし、その学生がその後、その講義のテーマに関心をもつようになった（あるいはまったく関心がない）場合、以前にそのテーマに関する講義に出席したことを意識的に思い起こすことができなくても、この関心自体が、以前受けたその講義の記憶を思い起こさせることになります。

同様に、学習することを意図しようとしまいと、記憶は機能しています。学校での学習の場合と同様に、実際、のちに思い出すべき出来事を「記録する」のに、ほとんど時間は必要ありません。これに対し、日常生活では、私たちはたいていの時間を、なんとなく過ごしていますが、もしこの日常生活のなかで（ホモサピエンスとしての進化の過程で、脅威と報酬に深く関連してきたような）重大な出来事が何か起こったら、生理学的、心理学的プロセスが作動し、通常、そうした出来事が、深く記憶に刻まれます。たとえば、私たちは、たいてい、広い駐車場で自分の車を駐車した場所を忘れた経験をもっています。しかし、もし、駐車場で自分の車や自分のそばの車が事故や故障を起こした場合、特定の文脈の中での「闘争・逃走（恐怖）」機構が発動し、そうした出来事（と車の場所）が象徴的に記憶に刻まれます！

このように、実際は、記憶は出来事を覚えようという意図があるかどうかに依存しませ

＊6　エピソード記憶（episodic memory）
タルビングにより「時間的に特定されるエピソードや事象やそのような諸事象間の時間的・空間的関係についての記憶」と定義された（文献㉔、㉛）。この記憶は経験した出来事に関する記憶で、その内容以外に文脈をも特定できる（文献⑴、㊲）。

＊7　意味記憶（semantic memory）
意味記憶という用語を用いたのはコリンズとキリアンが最初である。タルビングは、長期記憶を意味記憶とエピソード記憶に区別しており、意味記憶は「言語の使用に必要な記憶であり、単語やその他の言語的シンボルやその意味やその指示対象について、そして、それらの関係について、あるいは、それらの操作に関する規則、公式、アルゴリズムについて、人がもつ知識を体制化した心的辞書である」と定義されている（文献㉔、㉛）。一般に、言語、社会常識、専門知識などが意味記憶にあたる。エピソード記憶とは異なり、文脈が特定できない（文献⑴、㊲）。

ん。さらに、（先に、学生が講義に出席する場合の例で考えたように）過去の出来事が、思考や感情や行動に影響し、このことが、それらの出来事に対する私たちの記憶に関する十分な証拠となるのです。記憶はまた、過去の出来事を思い出し利用しようとする私たちの意図とも無関係に機能します。過去の出来事の影響の多くは、意識的ではなく、予期せず「いきなり思い浮かび」ます。過去数十年にわたる研究者の研究では、情報（知識）の想起は、私たちの意図に反して起こるようです。この問題は、心的外傷後の記憶の想起といった現象の文脈において、最新のトピックとなっています。

記憶のモデルとそのメカニズム

過去の歴史をさかのぼると、記憶がどのように機能しているかのモデルが数多くあります。たとえば、プラトンは、記憶は蝋《ろう》[*8]引き書字板のようなものだと考えていました。その文字板上に刻印あるいは**符号化**したうえで格納（**貯蔵**）すれば、私たちは後になって、その刻印（記憶）を振り返ったり思い出したりすることができます。この、**符号化**、**貯蔵**、**検索**の三者の区別は、今日まで研究者の間で提唱されてきました。古代ギリシャ時代の他の哲学者は、記憶を鳥小屋の鳥や図書館の本になぞらえました。すなわち、記憶は目的の鳥を捕えたり、目的の本を探したりすることです。これは、情報を蓄えた後にそれを検索することが困難であることを反映しています。

現代の理論家は、記憶は**選択**と**翻訳**の過程であると理解するようになっています。言い換えると、記憶には、情報をただ単に受動的に蓄える以上に多くの働きがあるということです。

さらに、新しい情報を学び蓄えたのち、学び憶えたものをより有効に利用できるように、私たちはその中から情報を選び出し、翻訳し統合します。なぜチェスの名人《プロ》がチェス盤上の駒の場所を簡単に覚えることができるのか、なぜフットボールファンが週末の試合の各チームのフットボールスコアを容易に覚えていられるのか、その一つの理由がこれ

＊8　蝋引き書字板（wax tablet）
文字や図を直接書き込む外部記憶装置。紙が普及する以前の古代ギリシャのプラトンの時代には、蝋引き書字板を用いて文字を刻印していた。これが記憶を体現するための場所であった。

＊9　C・S・ルイス（C. S. Lewis）
（一八九八―一九六三）英文学者、批評家、小説家。ケンブリッジ大学教授。著作には、「ナルニア国物語」シリーズ、『悪魔の手紙』『痛みの問題』『宗教著作集』などがある。本書の中に引用されているものは『宗教著作集』の中の〈Agrief Observed〉の一文である。

で、つまり、知識の拡張的な要素や、その知識のもつ異なった要素間の相互の関連が役に立っています。

同時に、私たちの記憶は、決して完全ではありません。作家であり哲学者でもあるC・S・ルイス(C. S. Lewis)[*9]は記憶を以下のように要約しています。

〈五感。救いがたいほどの観念的な知性。でたらめに選択される記憶。先入観や当て推量は無数に存在しその内わずかたりとも吟味することができず、そのすべてを意識することもできない。こんなありさまで、われわれはどれだけ現実のすべてを把握することができるというのか?〉

しかし、私たちが、効率のよい機能的な社会生活を送るために、思い出す必要のあることと、思い出す必要のないことがあります。すでに指摘したように、思い出す必要のあることは、進化の過程上大切な意味をもっており、(現実に遭遇した、あるいは知覚された)「脅威」や「報酬」の状況では、認知と脳のメカニズムは、より有効に思い出すように働きます。

図2． 鳥類飼育場の鳥。折に触れて、正しい記憶を検索することは、大きな鳥小屋いっぱいの鳥の中で正しい鳥を捕えることにたとえられてきた。

こうした方向に沿った考え方の中で、**記憶の背景にあるメカニズムは、静的な存在や静的なことよりむしろ、動的な活動や過程として、最も特徴が現れる**ものとして、現在、多くの研究者が理解するようになってきています。

伝統的記憶研究方法Ｉ（エビングハウス）

記憶についての個人的な観察や逸話は、啓発的で、興味深いのですが、それらはしばしば、個人的な特別な体験に由来しています。そのため、それらがどのくらい、すべての個体に対して①客観的な「真実」で、②一般的に万人に通じるものなのか、という疑問が生じます。系統的な科学研究は、こうした問題に対してすばらしい洞察を提供しています。十九世紀後半、ヘルマン・エビングハウス（Hermann Ebbinghaus）によって、記憶や忘却に関する古典的系統的研究がいくつか行われました。十三の無意味音節からなる百六十九の異なるリストをエビングハウスは暗記しました。それぞれの音節は「無意味」な子音—母音—子音の三字綴り（たとえばＰＥＬ）からなります。エビングハウスは二十一分から三十一日までの範囲で間隔をあけて、そのリストをそれぞれ再学習しました。彼は、この期間に生じてくる忘却の程度に、特に興味をもちました。そこで自分がどれだけ忘れているかの尺度として「節約率[*10]（savings score）」（そのリストの再学習にどれだけ時間を要するか）を用いました。

エビングハウスは忘却の程度はおよそ指数関数的であることを発見しました。すなわち、忘却は初期に急速です（覚えてすぐ忘れる）が、その情報を忘れる割合は徐々に減少します。つまり、忘却率は、直線的でなく対数的なのです。この、観察に基づく所見は、時を越えて、さまざまな題材や学習状況に当てはまることが証明されてきました。たとえば、学校を卒業後、フランス語を勉強するのをやめると、はじめの12カ月以内にあなたのフランス語の語彙は急速に減少します。しかし、このフランス語の語彙を忘れる割合は、時間とともに徐々に減少します。もしあなたがフランス語を五年後か十年後に再学習したとすると、（その二、三年前に覚えていたことと比べて）どれだけ記憶に残っているかに

＊10　節約率（savings score）
エビングハウスによって使用されたもので、記憶の保持量に関する測度の一つ。無意味綴りからなる項目のリストの学習を行い、すべての項目が間違いなく復唱できるまでリストを何度反復学習したかの回数を記録。ある時間間隔を置いたのち、再び同じリストの学習を行って完全に復唱できるまでの回数を記録。この二つの回数の差を、最初の反復回数で割った割合が節約率となる。
節約率＝{原学習の時間（回数）－再学習の時間（回数）}×100／原学習の時間（回数）

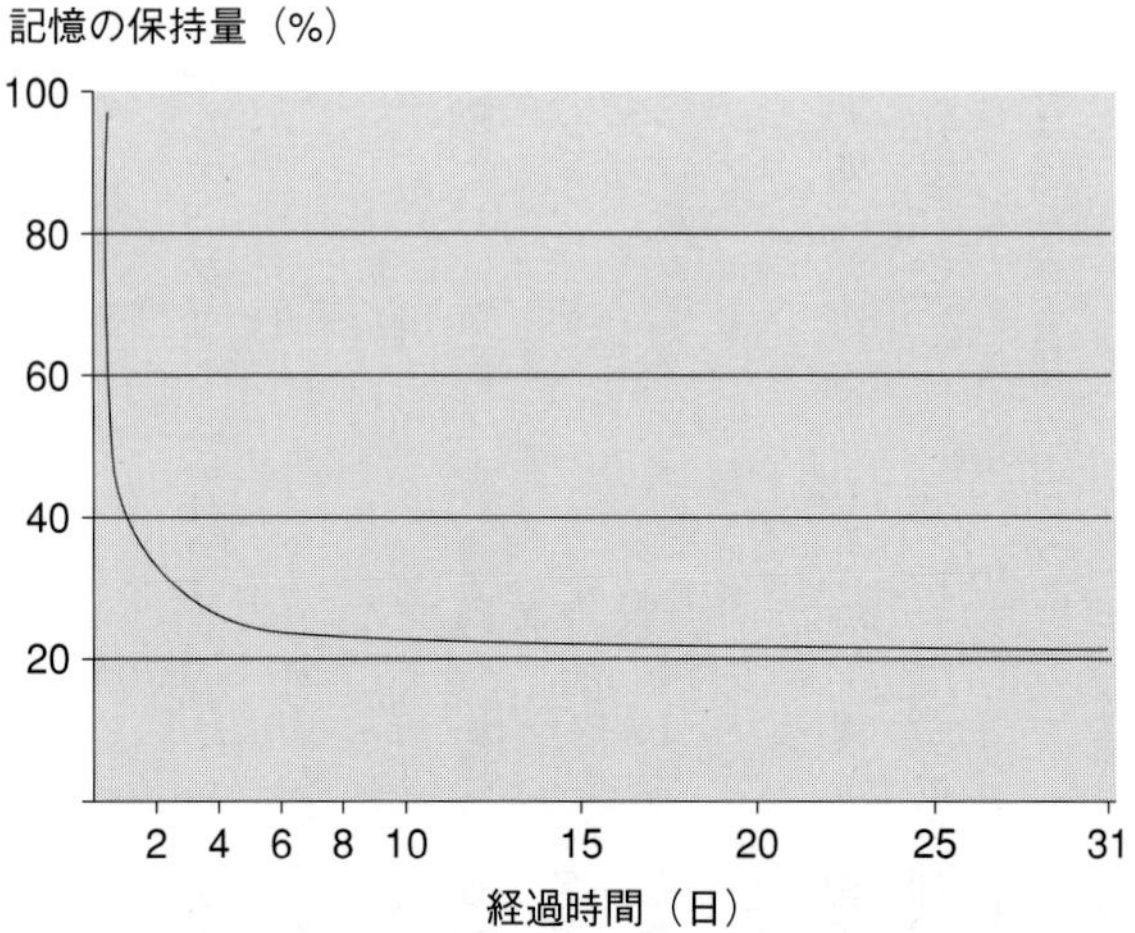

図3． エビングハウスは自分の暗記した子音—母音—子音の三重字の忘却率はおよそ指数関数的であることを記載しました（つまり、忘却は最初に急激で、その後、情報が忘れられる割合は徐々に減少します）

気づいて驚くかもしれません。

エビングハウスが記載している記憶に関するもう一つの興味深い特徴は、たとえばフランス語の語彙などの情報を「忘却」しても、そもそもフランス語をまったく習ったことのない人と比べると、あなたはこの情報をはるかに速く再学習することができるということです（すなわち「節約（保持）」という概念です）。この記憶に関する特徴は、脳の中には「忘却」した情報の痕跡が残存しているのかもしれないということを暗示しています。さらに、このことが、後の章で扱う**無意識的な**知識と

意識的な知識に関する重要な問題の証拠となっています。私たちは明らかにこの「忘却」してしまったフランス語の語彙のことを意識していませんが、この保存された記憶情報を調べた研究成果によると、無意識レベルの記憶の書き込みの保持があるはずであるとされています。著名な心理学者のB・F・スキナー[*11]（B. F. Skinner）が、これに関連した論旨に言及した一節があります。「教育は、いつ、何を学んだかを忘却したときになおも残っているものである」というものです。これに、「……意識の中で忘却していても、ほかに形を変えて見えない形で保持されている」と加えてもよいでしょう。

エビングハウスのその領域に関する名著『**記憶について（On memory）**』（誠信書房、一九七八）は一八八五年に刊行されました。この書物には記憶研究に対するエビングハウスの不朽の業績がたくさん記載され、（エビングハウスが研究のなかで系統的に取り組んだ、反復効果、忘却曲線の形、韻文と無意味音節の学習の比較といった記憶に関する問題に加えて）無意味音節、指数関数的忘却、記憶保持の概念などが紹介されています。エビ

＊11　スキナー（Skinner, B. F.）（一九〇四―一九九〇）アメリカの心理学者。ミネソタ、インディアナ大学教授を経て、一九四八年よりハーバード大学教授。実験行動分析学の創始者。スキナー箱と呼ぶ実験装置を用いて、ネズミとハトで学習の実験を行った。オペラント行動研究の基礎を築いた。

ングハウスが実践した実験的方法論の大きな強みは、多くの、記憶に影響を及ぼす非本質的な外的要因（潜在的に真実をゆがめる要因）を制御したことです。エビングハウスは無意味音節のことを、「一律に無関係」であると表現しています。——彼はこれを自らの研究方法の強みであると考えていました。しかし、より言語的に意味をなす記憶材料を用いることに彼は失敗したのだとの批判もあったでしょう。同じ領域の研究者のなかには、エビングハウスの研究方法は記憶というものを単純化しすぎる傾向があり、記憶のもつ機微を、一連の人工的、数理的な成分に変形してしまうと非難した者もいます。そうした研究法は——科学的な厳格さを駆使して、記憶のメカニズムを、扱いやすい材料にもってゆくことができる一方で——人間の記憶の、日常生活の記憶様式の最も本質を成すまさにその側面を排除しているかもしれません。つまり、重要な問題は、エビングハウスの結果が、人間の記憶に、全体的に、どの程度まで一般化できるものなのかということです。

伝統的記憶研究方法Ⅱ（バートレット）

二つ目の優れた記憶研究の方法として、二十世紀前半、すなわち、エビングハウス後の数十年の時期に実施されたフレデリック・バートレット（Frederick Bartlett）の研究が挙げられます。一九三二年に刊行された『**想起の心理学**』（誠信書房、一九八三、原題 Re-membering）という著書で、バートレットは、エビングハウスの方法に異議を唱えましたが、当時のこの分野では卓越したものでした。バートレットは、無意味音節は、現実世界において人間の記憶が機能しているやり方について多くを語るものではないと主張しました。バートレットは重要な問題提起を行いました。無意味音節を覚えながら生活を営んでいる人は何人いるのでしょうか？　実験対象から意味を排除しようとしたエビングハウスとは対照的に、バートレットは、まさに正反対の、意味のある対象（とりわけ、私たちが何らかの意味を付与する記憶材料）に焦点を当てました。バートレットの研究に参加した者は、比較的、自然な条件下で、意味のある記憶材料を暗記し思い出す作業を行いました。この方針は彼の多くの業績の背景となっています。たとえば、あるバートレットの主要な研究では、被験者はあるストーリー（「幽霊の戦い」という非常に有名なストーリー）を黙読する課題が与えられ、その後そのストーリーを思い出すよう指示されました。被験者は各人各様にそのストーリーを想起することがわかりましたが、バートレットはその実験結果において、一般的な傾向があることも発見しました。

・覚えた時点より、ストーリーは短くなる傾向があった。
・ストーリーはより首尾一貫した内容になっていた。つまり、自分がもとから持っている考えに、この記憶材料を結びつけることによって、自分で、未知の記憶材料の意味がわかるようにしているようであった。
・ストーリーを覚える際に行われたストーリーの内容の変更は、それをはじめて聞いた時の反応や感情に関連していた。

バートレットは、人が何を覚えるかは、覚えなければならないもとの記憶材料に対する、その人の感情的、個人的関係性や思い入れによって、ある程度左右されると主張しました。バートレット自身の言葉を借りると、記憶は「わずかながら克明な事実の細部」を保持していると同時に、私たちが覚えていることの残りの部分は、単にもとの記銘対象から影響を受け追加され作り上げられただけのものを表象しています。バートレットはキー概念としてのこの記憶の特質を、「(記憶の) 再生」に対して「(記憶の) 再構成」[*12]と表現しました。言い換えると、私たちは、もとの出来事やストーリーを、**そのまま再生する**のではなく、その時の予想や期待や「心的な構え」に基づいて、**再構成**に導きます。

たとえば、フットボールの試合（英国チーム対ドイツチーム）を観戦中だとして、二つの異なる国（英国とドイツ）を応援する二つの異なる国民が、その試合の経過をどのようにレポートするかを考えてみてください。競技場で、客観的には、ただ一つの試合が繰り広げられているのですが、英国チームのサポーターとドイツチームのサポーターとはおそらくまったく異なった内容で、その競技を報告します。しかも、一般に、その二つの国民が同じ映画を見るとき、両者が報告するその映画の記憶は似ていても、フットボールの試合の例と同じく、概して、かなりの相違があることでしょう。なぜ両者の報告は異なるのでしょうか？　これは、両者の興味、動機づけ、感情的な反応――つまり、提示されたストーリーをいかに理解するか――に依存しています。さらに、現在の与党を支持している人は、主要な国家のイベント（たとえば戦争）に関係のある出来事を、野党を支持している人とは、まったく異なった方向で覚えているかもしれません。〈固定観念を含む〉社会的ファクターが、私たちの出来事の記憶にどのように影響しうるかを、こうした例は暗示

＊12　再構成（reconstruction）
記憶の欠落した部分や、不確かな部分を知識や信念などで補い新たに一つのまとまりのある全体を構成すること。（文献(31)）

しています）。

したがって、エビングハウスとバートレットでは、行った記憶研究のアプローチに、決定的な相違があります。バートレットの理論のエッセンスは、人は自分が社会で観察したことに意味を付与しようとすること、しかも、それが出来事の記憶に影響することです。これは、エビングハウスが用いた無意味音節のようなどちらかというと抽象的で、無意味な題材を用いた研究室内の実験では、重要ではないかもしれません。しかしより自然な環境のなかでは、この**意味の後付け**[*13]**（effort after meaning）**は、現実社会における私たちの記憶手段の最も重要な特徴の一つであるとバートレットは述べています。

記憶を組み立てる

バートレットの研究から見てきたように、記憶は、ＤＶＤやビデオの記録のように現実世界の事実そのものをコピーしたようなものではありません。記憶を、現実世界の個人に対する影響の結果として考えることは、おそらく非常に有用でしょう。事実、**構成主義者**[*14]**（constructivist）の研究**は、世界と個人的な考えや期待との複合した作用として、記憶を説明します。たとえば、個々の異なる過去に依存し、価値観、考え方、目的、感情、期待、気分、過去の経験が異なるという、人それぞれ異なった個体であるがゆえに、映画を見ているときの、各個人の体験にはいくらか相違があります。二人で映画館に隣同士で座っていても、両者は、実際、主観的には異なった映画を体験していることになります。ある出来事が発生すると、その出来事はそれを体験する個人によって意味づけられ、構成（解釈）されます。この構成（解釈）はその記憶の「出来事」（この場合は映画の上映）によって大きく影響されますが、各個人の性格や個人的好みの特異性の産物でもあります（それこそが、その出来事が、いかに体験され、**符号化**され、次々と**貯蔵**されてゆくかということにおいて、本質的な役割を果たしています）。

＊13　意味の後付け（effort after meaning）
意味を理解しようとする努力、学習者のスキーマ。バートレットは特定の図柄をもった対象を知覚するときは、その対象に応じた特定の態度（setting）、すなわち、意味努力（effort after meaning）が現れることをスキーマと呼んだ。（文献(28)、(24)）

＊14　構成主義者（constructivist）
記憶は単に物理的感覚情報をそのまま反映したものではなく、外的な感覚情報と、期待やもともとある知識など内的に生じた知識が統合されて構成されてくるもので、むしろ、概念駆動処理（トップダウン処理）によって、知覚が大きく影響を受ける推論的な過程とみなす立場。（文献(1)）

あとになって、その出来事を意識的に思い出す必要ができたとき、私たちは、見た映画の内容で簡単に思い出せる部分があるのですが、その他の部分は私たちが再構成したものかもしれません。その部分は、私たちが実際に覚えている部分と、私たちが起こったに違いないと信じていることからなっています（後者は、私たちが想起する映画の要素に、私たちの住む世界に対する個人的な推論の過程が加わっている可能性があります）。事実こうした「空白を埋める」類の再構成にはあまりにも手慣れているので、私たちはしばしば、そんなことが起こっていることすら意識に上りません。記憶が語られ、語り継がれたりするときに、記憶を検索するごとに生じる影響も加わり、特に、こうしたことが起こりやすいようです（この後の「幽霊の戦い」の、バートレットの連続的な反復再生法を参照のこと）。そのような状況の中で、「再構成」された記憶はしばしば「実際に思い出された」本当の記憶のように感じられます。人は、自分が目撃した殺人や個人的な幼児虐待の体験の決定的な場面を、思い出す代わりに「再構成」し、常識をもとに、忘れてしまった情報に、埋め合わせをして、その出来事を「覚えている」と自分で思いこんでいると、とりわけ厄介です（第4章参照）。

このように考えると、「思い出す」という行為は、恐竜について莫大な知識をもっている古生物学者が、不完全な骨の集合から、恐竜を組み立てる研究にたとえることができます。このたとえで考えると、過去の出来事は、（過去の出来事にまったく「無関係な」骨も偶然混入している）不完全な骨の集合へのアクセス（利用）を私たちに残していることになります。それらの骨を集めて整理し、過去の出来事に似たものを組み立てようとするとき、私たちの常識が影響を及ぼします。私たちが収集した記憶は、過去の本当の（事実である）要素（すなわち本当の骨）もいくらか含んでいますが、全体として見ると、それはあとになって不完全に再構成された過去に関する記憶です。

幽霊の戦い

バートレットはエビングハウスの前例に従って、無意味音節を用いて、さらなる実験を遂行しようと試みましたが、その結果を、「失望と不満の増大」と記述しています。そこで、バートレットは「それ自体で面白いと判断できる」普通の散文的な題材――エビングハウスが意識的に排除した題材――で研究することを選択しました。

バートレットは実験で二つの基本的な方法を用いました。「Chinese Whispers」(伝言ゲーム)[*15] に似た**一連の再生**です。一人が、ある情報を次の人に伝え、続いてその人が同じ情報を三番目の人に伝えるといったことをします。グループの最後の人に届いた時点でその「話」を、もとの話と比較します。

再生の反復では、ある人が最初に情報を覚えたあとで、ある時間の間隔（十五分から二、三年）をおいて、その同じ情報の一部を反復するように求められます。

想起について研究するためにバートレットが用いた散文の最も有名な一節は『幽霊の戦い』という北米先住民の民話です。

ある夜、エグラック（Egulac）出身の二人の若者が、アザラシを獲るために川へ下って行きました。そこにいたとき、霧が出て、静まり返りました。その時、戦士の叫び声を彼らは耳にし、「きっと戦いだ」と考えました。彼らは川岸に逃れ、丸太の影に隠れました。今度は、カヌーが近づいてきました。そして、櫂《かい》でこぐ音が聞こえ、一艘のカヌーが彼らのところに近づいてきました。そのカヌーには五人の男が乗っていました。そして彼らは次のように言いました。

「どうだ？　われわれは、お前たちを連れて行きたい。上流で戦いをするために、われわれは川を上っているところだ」

「私は矢を持っていない」若者の一人が言いました。

「矢はカヌーにもっている」彼らは言いました。

「私は行きたくない。殺されるかもしれない。私の身内は私がどこへいったかわからなくなる。しかし、君は」もう一人のほうに向かって、「ついて行ってもいい

＊15　Chinese Whispers（伝言ゲーム）
最初の人が、ことばや文章を次の人に伝え、次々と聞いたことを順に伝えてゆき、最後に聞いた人が皆に発表するゲーム。一般に、伝えてゆく途中で内容の誤りが積み重なり、最初の内容と著しく異なった滑稽なものとなる。パーティーなどで行われる子どものゲームだが、累積誤差や、根も葉もないうわさの広まり、人の記憶の不確かさ、などの引き合いにされる。

よ」と彼は言いました。それで、若者の一人は、ついて行き、もう一人は、家に帰りました。

戦士たちは、川を上ってカラマ（Kalama）の対岸の町に着きました。戦士たちは川に降りて、戦いをはじめ、多くのものが亡くなりました。しかし、やがて、若者は、戦士の一人が次のように言うのを聞きました。「急げ、引き上げよう。あいつが矢にあたった」と。そこで、彼は次のように考えました「ああ、彼らは幽霊だったのだ」。彼は痛いと感じませんでした。しかし、戦士たちは、彼が矢にあたったと言いました。

それで、カヌーはエグラックへ帰って行き、その若者は岸辺の家に帰宅し、火を起こしました。そして、みんなを前に、「驚かないでくれ、私は幽霊とともに、戦いをしてきた。たくさんの味方が死に、われわれを攻撃した相手の多くが死んだ。幽霊は私が矢にあたったと言ったが、私は痛くなかった」と語りました。

彼はその一部始終を話し、それから、彼はしゃべらなくなりました。日が昇り、彼は倒れました。彼の口からなにか黒いものが出てきました。彼の顔はゆがみました。人々は驚き、泣き叫びました。彼は亡くなっていました。

バートレットがこの話を選んだのは、彼が対象とした被験者（参加者）つまり英国人の物語文化にとっては、この話は脈絡なく、しかも、アングロサクソン[*16]の感覚としては、違和感があり、どちらかというとなじみがなく難解であると考えられたからでした。被験者がこの物語を再生したとき、こうした物語の特性のために、ストーリーのゆがみが誇張されるだろうとバートレットは期待しました。ここで、その話を、はじめて聞いてから数カ月後、四回目に反復再生させた一例をみます。

二人の若者がアザラシを獲りに川へ下って行きました。何人かの戦士が乗った

＊16　アングロ・サクソン（Anglo-Saxon）
アングロサクソンとは、五世紀に、ヨーロッパ大陸から現在の英国に移住した民族。典型的な英国人を指す。

ボートが接近してきたとき、彼らは岩の陰に隠れていました。しかし、戦士が、われわれは仲間だと言って、川向こうの敵と戦うのを手伝うように求めました。年上の若者が、私が家に帰らなければ自分の身内がたいへん悲しむという理由で、一緒に行けないと言いました。それで年下の若者がその戦士たちについて行きました。

夜に、彼は帰ってきて、友人に、自分が大きな戦いで戦闘し、双方とも多くの者が殺されたことを告げました。火を灯した後、床について眠りました。朝、日が昇ったとき、彼は容態が悪化し、隣人が、彼を見舞いにきました。彼は、隣人に、自分は戦いで負傷したが、その時は痛みがなかったことを告げました。しかしすぐに傷が悪化しました。彼は、もだえ苦しみ、甲高い声をあげて、地面に倒れ亡くなりました。何か黒いものが口から出てきました。隣人は、彼が幽霊と戦っていたのだろうと言いました。

実験から、バートレットは、被験者らが記憶の対象となる素材を合理化する傾向があることを結論づけました。つまり、その素材を解釈し、よりわかりやすいものに修正し、記憶しやすくしようとしているのです。どういう現象が起きているかというバートレットの持論は次のとおりです。

記憶は、確定し、命を失い、無数の断片的な痕跡となったものを、そのまま再生することではありません。それは想像的再構築あるいは（新たな）構築で、これは、組織立った過去の反応様式や経験に由来するアクティブな精神活動の総和と、イメージや言語の形式の中に、通常あらわれるわずかではあるが重要なディテールに対するわれわれの態度との関係性からつくりあげられます。機械的に要点の反復を行うような最も基本的で単純な場合さえ……記憶は、実はこのように決して正確なものではありません。

このことからすると、しばしば、自分の記憶が信用できないと思うことや、同じものを観察した別の人の報告とが互いに少しくらい違っていることは、おそらく驚くにはあたりません。

実験的記憶研究で最も影響力のある二人の人物について検討してきましたので、今度は、さらに最近の研究方法や知見の考察に入ってゆきます。

今日の記憶研究方法

記憶はさまざまな方法や状況で研究することができます。記憶は「現実社会（世界）」の中で操作し、研究することができるのです。しかし、これまで行われてきた記憶のテーマに関するたいていの客観的研究は、一組の覚えるべき言葉、あるいは、その他の類似した研究材料を用いて異なる操作（手技）が、（通常、実験室の環境で）対照実験の枠組みで比較検討される実験研究でした。その操作は材料の特性（たとえば視覚や言語的刺激）、材料の熟知度、研究とテスト状況の類似度、覚えるモチベーションのレベルといった記憶に影響すると予測される変数を含んでいます。伝統的に、実験研究を行う研究者は次にあげるタイプの刺激を用いて記憶の研究を行いました。単語のリスト、エビングハウスが使用したような無意味な刺激、数字や図などの通常使用できる材料です（その他の種類の材料として、引用文や物語や、詩、家具、ライフイベントなども用いられました）。

最近数十年にわたり、これまで行われてきた記憶に対する経験上の（経験・観察に基づく）研究は、主として、第二次世界大戦後多くの実験研究者によって採用されてきた情報処理や記憶のコンピューターモデルの文脈で、解釈されています。この枠組みでは、ヒトの記憶の基礎を成す機能特性（そして認知機能のその他の側面）は、概して、現代のコンピューターが体現している情報処理の類型を反映していると考えられています（このメタファー〈隠喩〉は一般に機能特性、つまりコンピューターの**ハードウェア**ではなく**ソフトウェア**に当てはまる点に留意すべきです）。さらに最近の研究では、バートレットやエビングハウスが行った初期の研究の対象となった人数より、一般にかなり多数の被験者が参加しています。初期の研究では個々のケースに焦点をあて詳細な検討を行いました（エビングハウスの場合は自分自身までも含んでいました！）。グループスタディーからの結果は効果的な推論による統計的手法を用いた分析が可能です。この手法を用いれば、得られた所見のサイズや有意性を客観的に判断することができます。

観察と推理──最新の記憶研究

出来事がその後の行動に影響する程、記憶は、はっきりとしています。しかし、私たちはのちの行動がその過去の出来事によって影響されたかどうかをどのようにして知ることができるのでしょうか？　現代の記憶の研究者らが使用しているいくつかの方法について考えます。

次のことをやってみてください。思い浮かぶだけ、順に十五個の家具を書き出してください。それから、あなたの書いたリストと41ページの家具のリストとを比較してください。おそらく一致するものがいくつかあります。もしも、与えられたリストの家具の名前の項目を覚えて、さらに、あとでそれを思い出すように求められたら、あなたがそのとき思い出す家具の項目のリストは、はじめに提示されたリストの項目の記憶に、直接的に帰属するということを、論理的に推測することができるでしょうか？　この推測は決して妥当なものではありません。ある項目は、前に提示されたリストに実際にあったものとして意識的に思い出したもの、ほかの項目は、前のリストを覚えたことから間接的にあるいは無意識の影響により思い浮かんだもの、またある項目は、家具だという理由だけで思い浮かんだものなどでしょう（その単語のリストを学習した結果としてではありません）。あなたのリストと覚えたリストの間の一致数はそのリストをあなたがどれくらい覚えているかをあらわす指標として適当だとは必ずしも結論することができません（なぜなら、その一致は右に述べたどの理由でも生じるからです）。

この家具のリストの実例による説明は、記憶研究における重要な核心を捉えています。すでに述べたように、記憶は直接的に（雷雨や化学反応のようには）観察することができず、むしろ、態度の変化から推測されたり、一般には、記憶を評価するために考案されたタスクを遂行する際の変化を観察することにより評価されます。しかし、そうしたタスクの遂行は、他の要因（たとえば、モチベーションや、興味、一般常識、関連した推論過程）により影響されるのです。同様に、もととなるイベントに対するその人の記憶によっても影響されます。したがって、記憶の機能的な特性を系統的に研究する場合、①何が**観察されたこと**なのか（一般的に本質的な記憶以外の要因に影響される）と、②何が**推測さ**

れたことなのか、を慎重に検討することがたいへん重要です。

この問題に対処するために、記憶研究は、一般的に、「過去のイベント」や記憶操作が、あるグループではあるが、別のグループではないといった、種々の被験者群（あるいは種々の記憶操作）を比較することによって実施されています。被験者群は、すべてのこれに関連した特徴において同等（少なくとも酷似する）となるように選択されます。たとえば、一般に、年齢、教育、知能が同じような人のグループをつくります。このタイプの研究計画が、（すべてではありませんが）この本で扱っているほとんどの資料（題材、素材）の基本となっています。論理的な筋道は次のとおりです。もともとわかっている被験者のグループ間の相違は、記憶のイベントの有無、あるいは記憶の操作の有無であるため、あとになって観察されるグループ間の相違はそのイベントに対する記憶を反映していると想像されます。しかし、これはあくまでも仮説であることを銘記すべきです（概して、作業仮説は、道理にかなっていることが前提です）。さらに、記憶の研究の結果に影響を及ぼしうるグループの一人一人の間でその他に相違がないことを確かめることが大切です。

ここで、「睡眠学習」[*17]について提唱されている現象に関する系統的研究から得られたアプローチの一例を見てみましょう。その情報を記憶したいと思って、睡眠中にあなたの耳元で、その情報の入った録音テープを流すとします。睡眠中に録音テープを聞くことに効果があるのか、どのようにして調べるのでしょうか？　その問いに答えるために、あなたは被験者が睡眠中にある情報を提示し、その後、彼らを覚醒させ、覚醒後の反応態度が、睡眠中に彼らに提示した情報に対応する記憶を反映しているかどうかを観察します。ウッド、ブーチン、キールシュトルムとシャクター（Wood, Bootzin, Kihlstrom, & Schacter）が、この実験研究を行いました。被験者が睡眠中に、この研究者らはあるカテゴリーの名称とそのカテゴリーに属するものの名前のペア（例「金属―金」）を読み上げました。カテゴリーと単語のペアの項目を数回反復提示しました。一〇分後、刺激提示の間眠っていたその研究の被験者を覚醒させ、そして、示されたカテゴリー（金属など）について思い浮かんだ実例を記述するように指示しました。この研究の基礎となる仮説に従えば、被験者が睡眠中に単語を読み聞かせられたことを覚えていれば、覚醒後に記述する金属名のリ

＊17　睡眠学習（sleep learning）
睡眠中は、覚醒時のように過剰な大脳活動がないので、その間を利用して学習させ記憶させようとするもの。通常、テープにふきこまれた記憶材料がリラックスした状態で聴覚的に繰り返される。熟眠状態では学習はできない。（文献(28)）

ストに金を入れることが最も期待されます。

しかし、（これまでに述べた考え方に従って）情報の記憶についての正しい推論（結論）を行うためには、被験者が睡眠中に提示された実例が、覚醒後のリストにどれくらいの割合で出てくるかを観察するだけでは十分ではないのは明らかです。たとえば、多くの被験者は——金属を思い浮かべることを求められたとき——睡眠中に前もって読み聞かされていなくても、往々にして金と答えるものです。これまで提唱されている有効な研究計画の原則に従えば、研究者は、対照群と実験群のパフォーマンスや比較条件の間の相違を検討することにより、この種の問題を克服することができます。

ウッドらは、その研究において、二つの比較を行いました。最初に行った比較は、対語が読み聞かされる間に一方は覚醒していて、他方は眠っているという群です。対象被験者は、「睡眠」群と「覚醒」群にランダムに割りつけられたため、目的となる標的語がそれぞれの二つのグループにどれだけ出てくるかを比較することで、被験者が①覚醒時に提示されたもの、②睡眠時に提示されたもののいずれに、より影響を受けているかがわかりました。

事実、この研究では、対語の提示時に覚醒している被験者は眠っている被験者より標的の実例を二倍以上答えました。この周到な比較で、（当然のことながら）覚醒時の学習は睡眠時の学習より優れていることがわかりました。しかし、この比較は、睡眠中の被験者の記憶パフォーマンスが、睡眠前の**「カテゴリー–項目語」**の対の提示によって強く影響された可能性を除外するものではありません。

このため、この研究者らは、巧妙にその測定を反復することができるもう一つの重要な比較を行いました。そこでは、異なる対語のリストがその研究で用いられました——一方は「金属—金」など、他方は「花—パンジー」などを含むものでした。被験者は、睡眠中に対語のリストの一方のみ読み聞かせられ、さらに**すべての**被験者が、覚醒してから、両方のカテゴリーリストを読み聞かせられました。この方法によって、被験者が、睡眠中に読み聞かされなかったカテゴリー例と読み聞かされたカテゴリー例をどれだけ多く記述するかを、実験者は比較することができます。つまり、この研究ではそれぞれの被験者に対して複合した観察を行い比較が行われました。

睡眠中にいくつかのカテゴリー–項目語を聞いた被験者において、この比較が行われて、明らかとなったことは、①前もって読み聞かされたものと②読み聞かされていないものを比べると、キーカテゴリーの項目例に関して、覚醒後の報告に、有意な相違がないということです。それとは反対に、語の提示中に覚醒している場合に、①と②の比較では、リストの提示は、キーカテゴリー例の記憶に有意な影響を示しました。

まとめ

この章では、記憶は、私たちが行っているほとんどすべての行動に不可欠であることを述べました。記憶なしには、話すことも、読むことも、環境の中で生活を営んでゆくことも、対象を見極めたり、人間関係を維持することもできません。記憶に関する個人的な観察や逸話は啓発的で面白いのですが、それはしばしば、特定の個人の特別な経験に由来していています。このため、そうした観察は、どの程度、すべての個人に当てはめて広く一般化することができるものか疑問です。エビングハウスとバートレットの研究から、系統的研究が、いかに人間の記憶の機能特性についての重要な洞察を与えてくれるかを学んできました。さらに、最近では、注意深い対照実験研究から得られた所見の定量化や有意性を解釈することができる有力な観察手法や統計手法を用いて、記憶の背後にある、その機能的な特徴を分析することができるようになっています。第2章では、そうした研究から得られたたいへん重要な所見のいくつかを考えてみます。当然ながら、私たちの記憶を、**もの**としてよりは、**働き**として、認識することがより正確な捉え方です。さらに、最近の科学的発見の重要な側面は、（この「私の記憶」を個々に）個別の実体として捉えるより、むしろ、記憶は複数の異なる機能からなる集合を表していると、我々は捉えるようになっているということです。この問題は第2章でさらに扱います。

家具のリスト

イス	洋服ダンス
テーブル	本棚
スツール（腰掛け）	机
食器棚	キャビネット
ベッド	クロゼット
ソファー	チェスト（蓋付き収納箱）

第2章　記憶地図をつくる

本章では、記憶システムがどのように働いているのか、種々の機能をもった記憶の成分がどのように定義されているのか、といった基本的な問題を考えてゆきます。「既知の宇宙の中で最も複雑なシステム」とされている人間の脳をはじめ、パソコンのハードディスク、ビデオレコーダー、簡単なオフィスファイリングキャビネットといったどの記憶システムも、情報を効果的に①符号化し、②貯蔵し、③検索できるものであるということが、記憶システムとして十分に機能するためには不可欠でしょう。この三つのプロセスのいずれかに支障があれば記憶は機能を果たさないことになります。この点を考察したうえで、次に、記憶の中にあるさまざまな構成要素としてのプロセスがいかに定義されてきたかについて考えてゆくことにします。ここでは、単に記憶力が良いか悪いかという私たち自身の個人的な印象は、不正確であることについて論じます。これに対し、健康被験者と、脳に障害をもった臨床患者において過去百年以上にわたり行われてきた多くの研究により、記憶が複数の別個の構成要素に分離した構造として説明（例証）されてきました。（しばしば、臨床家も専門外の人もともに誤解しがちな）①短期記憶と②長期記憶の間の明確な区別を適切なアナロジーを用いて行います。それから、短期記憶と長期記憶の内部にある異なる機能的要素について考えます。この章では、本書でこの後出てくるたくさんの研究データの意味が理解できるように概念的な枠組みを説明します。

記憶の論理──符号化、貯蔵、検索

このローズマリー、思い出のしるし、どうか愛しき人よ、私のことを忘れないで

シェイクスピア[*1]『ハムレット』[*2]

効果的な記憶システムは——オーディオレコーダーであっても、ビデオレコーダーであっても、パソコンのハードディスクであっても、簡単なファイリングキャビネットであっても——三つのことをもれなく遂行することが不可欠です。

つまり、次のことができなければなりません。

1　情報の**符号化**（取り込み、学習）

2　長期記憶の場合に、十分な期間、情報を忠実に**貯蔵**、保持

3　貯蔵したその情報の**検索**、呼び出し

＊1　シェイクスピア（Shakespeare, William）
イギリスの劇作家。一五六四年イングランドのストラトフォード・アポン・エイヴォンに生まれる。一八歳で結婚。二〇歳までに三児の父親となる。四大悲劇「ハムレット」「マクベス」「オセロ」「リア王」や、「ロミオとジュリエット」「ヴェニスの商人」「ジュリアス・シーザー」など多くの傑作を生み出した。

＊2　ハムレット（Hamlet）
一六〇〇年頃に執筆されたシェイクスピアの悲劇。父王を毒殺して王位と王妃ガートルードを奪った叔父クローディアスをデンマークの王子ハムレットが討つが、自らも命を落とす。引用は第4幕5場、ハムレットに捨てられ、父親を殺され、狂乱したオフィーリアが小枝を渡そうとして言ったことば。ローズマリーの花言葉は「思い出」「記憶」「追想」。

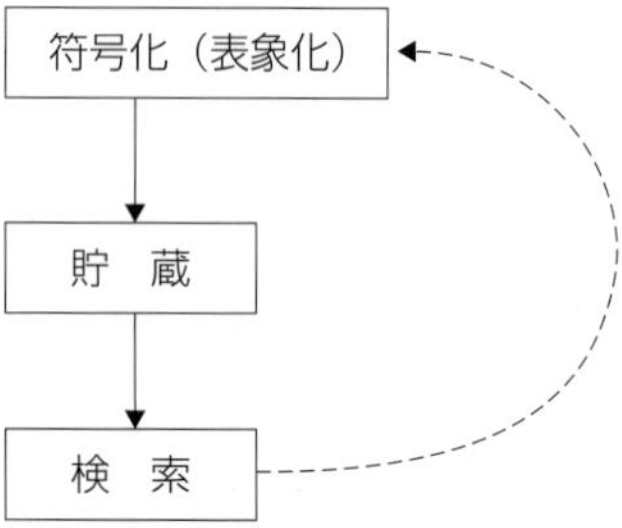

図４． 符号化、貯蔵、検索の間の論理的相違は、人の記憶作業を考える場合の基本である。

ファイリングキャビネットのたとえを用いると、まずあなたは、ドキュメントをある場所にファイルします。そうすると、そのドキュメントはその場所に保管されます。それが必要になったとき、それをファイリングキャビネットに検索にいきます。しかし、適切な検索システムがない場合、簡単にそのドキュメントを探すことができなくなります。したがって、記憶機能には情報取り込み、貯蔵だけでなく、検索能力も必要です。そして、あなたの記憶が効果的に働くためには、この三つの要素のすべてが十分に機能しなければなりません。

符号化の問題はしばしば不注意に関係しており、一方、貯蔵の困難は日常会話の物忘れに相当するものです。検索に関しては、**利用可能性**（**availability**）と**アクセシビリティー**（**accssibility**）の間で、重要な区別が行われます。たとえば、ときどき私たちは、誰かの名前をまったく思い出せなくなることがありますが、まさに口元まで出かかって思い出せなくてもどかしい思いをします。その名前の最初の頭文字やその文字数を言えるかもしれませんが、その言葉自体は思い出せないのです。意外なことではありませんが、このことを、「舌の先現象（tip of the tongue phenomenon）」といいます。私たちは情報がどこかに貯蔵されていることを知っており、しかもその一部はわかっているかもしれません（したがって、その情報は、理屈の上では、利用可能です）。しかし、必要なときにアクセスできるとは限りません。人は、必要なときに利用できるように莫大な数の情報を記憶に蓄えていますが、一般には、必要なときにアクセスすることができる情報はほんの少ししかありません。

三つの要素（**符号化**、**貯蔵**、**検索**）のうちの一つあるいはそれ以上の妨害のために、記憶が、うまく機能しない場合があります。舌の先現象は検索機能の部分の障害の例です。効果的な記憶には三つの機能すべてが必要であり、一つでは十分ではありません。これが記憶を周到に行うための基本原則です。

種類の違う記憶――記憶機能の成り立ち

プラトンとその同時代の学者は、こころについて、彼ら自身の主観的な印象に基づいて推測していました。――特に、脳やこころについての系統的に検証された知見を、「常識（commom sense）」と取り違えている人々の間では、この考え方は今も見られます。しかし、私たちは私たちの理論の基礎をなす実験的（**実証的〈empirical〉**ともいう）情報をもっています。私たちは厳密な高度に統制された実験研究を行って、人の記憶の働きについての客観的情報を集めています（第1章参照）。そして、これから見てゆきますが、多くの人々が頼ってきた「常識」が正しくないことを十分に確証する研究結果がいくつかあります。

実証的な研究者は、多くの系統的技法を使用し記憶機能を理解しようと努めてきました。アプローチの一つは、記憶の膨大な領域を、それぞれ、互いに異なった機能と考えられる領域に分類することでした。昨日帰宅したとき何を着ていたかを考えてみてください。その記憶は、一年のうちどの月が、ひと月に三十日あるかを思い出すこと、二〇から

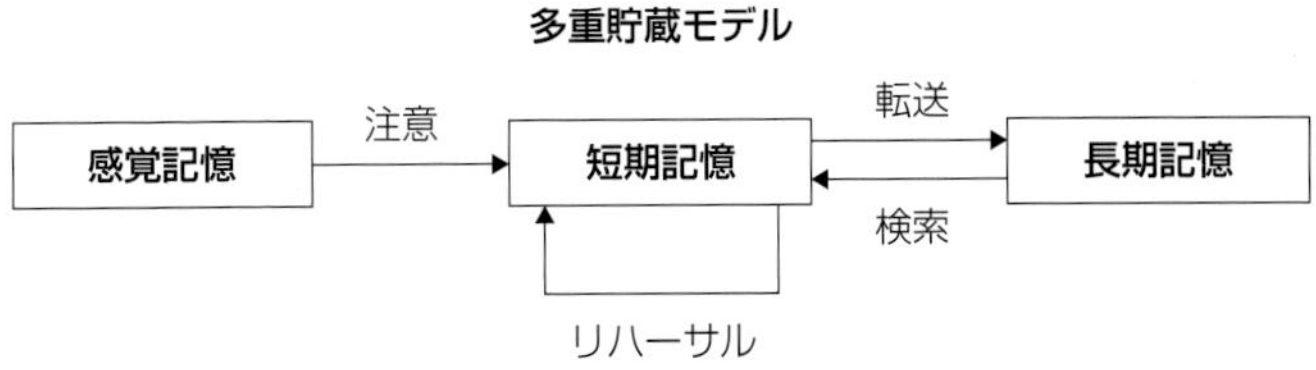

図５. 記憶の多重貯蔵（モデル）は、1968年にアトキンソンとシフリンにより記載された。このモデルは記憶を理解するうえでは非常に実用的な枠組みである。

三〇の間の素数をあげること、オムレツの作り方を思い出すことと、どこが違うのでしょうか？　これらは、直感的に、種類の異なる記憶機能であると考えられます。しかし、それには、科学的な根拠があるのでしょうか？　実際、過去百年以上にわたる主要な知見の一つは、記憶は（一枚岩的なものというより）多様な要素としての存在であるというものです。この章では、これらの相違点について論じ、この章以外でも、これについてふれてゆくことにします。

一九六〇年代に、情報処理モデルに基づく記憶の下位分類が普及しました。第二次世界大戦後に始まった情報技術の急速な発達により、コンピューターの情報処理中における情報貯蔵の必要性に対する本質的な認識が深まりました。続いて、記憶情報処理の[*3]三段階モデルが発展し、一九六〇年代には、アトキンソンとシフリン（Atkinson & Shiffrin）により提唱されたモデルにおいて、十分に推敲され完成の域に達しました。この三段階モデルにおいて、情報は、はじめは**感覚記憶**[*4]（**sensory memories**）に一時的に保持され、その後、この情報から選択され**短期貯蔵**[*5]（**short-term store**）に転送されると考えられました。ここから、さらにその一部の情報が**長期記憶貯蔵**[*6]（**long-term memory store**）へと進んでゆきます。

以下にこれらの様々な貯蔵の特徴を概説します。

感覚貯蔵

感覚貯蔵は意識にのぼらずに機能していると考えられます。それは感覚から情報を受け取り、一瞬それを保持し、私たちが注意を払うべきものを決定します。この具体例に、「カクテルパーティー効果[*7]（cocktail party phenomenon）」と呼ばれるものがあり、これは、部屋のどこかで呼ばれた自分の名前を聞きとり、部屋の中で聞こえている他の会話への注意を自動的にそらす機能です。もう一つのよくある体験は、（忘れてしまったと思って）誰かにある動作を反復してもらったり、言ったことをもう一度言い直してもらう場合、同時に私たちは、実際は、その以前に提示された情報にアクセスしているのだということに気づきます。感覚記憶に関して、私たちが無視するものはすぐに失われ、検索されることはありません。それは——感覚の舞台から——光が消え、音が消失するように衰微します。だから、注意を払っていないときに、誰かの話し声のこだまをとらえることができることはありますが、一瞬後には、それもすべて消えてしまいます。

感覚記憶（sensory memory）の貯蔵に対する客観的な証拠は、一九六〇年にスパーリング（Sperling）[*8]によって導入された実験に由来しています。スパーリングは被験者にご

＊3　三段階モデル（three stage model）
アトキンソンとシフリンは、短期貯蔵庫という概念を記憶の理論に組み込み、記憶の多重貯蔵モデル（感覚登録器—短期貯蔵庫—長期貯蔵庫）を提唱した。アトキンソン−シフリンモデル。

＊4　感覚記憶（sensory memory）
人間を情報処理システムとみなしたとき、最初の処理段階として「感覚器」で受け取った刺激情報をそのままの形で短期保持するバッファー・メモリーを言う。特に、視覚記憶ではアイコニック記憶、聴覚系ではエコーイック記憶と呼ばれている。（文献㉛）

＊5　短期記憶（short-term memory）
ごく短時間だけ一時的に情報を保持するような記憶のこと。

＊6　長期記憶（long-term memory）
短期記憶は短期で消失するが、それとは反対に、長期に保存される記憶。

＊7　カクテルパーティー効果（cocktail party phenomenon）
パーティー会場のような、多くの人の雑談する声などが飛び交い聞こえる状況で、必要な話だけを聞きとることができること。選択的注意（selective attention）の範疇に入る。心理学者Cherry（1953）によって提唱された。

く短時間（たとえば五〇ミリ秒間）、十二の文字の提示を行いました。この研究では、被験者は四文字しか答えられませんでしたが、スパーリングは、被験者が実際はもっと多くの文字を覚えることができるものの、その情報は、あまりにも早く一瞬で消えたので、報告できなかったのではないかと考えていました。この仮説を検証するために、スパーリングは、文字を三列に提示する視覚的なマトリックスを考案しました。その配列を視覚的に提示した直後に、音を提示しました。被験者は、音のピッチに従って、視覚的な配列の部分のみを報告するように教示されました。この**部分報告法**[*9]（**partial report procedure**）を用いて、スパーリングは、被験者が四文字の任意の列から三文字を思い出すことができることを見出しました。つまりこれで、この短い瞬間に十二文字のうちの九文字について報告可能であることがわかったのです。

記憶の研究者らは、このような研究から、感覚記憶貯蔵は、入ってくる比較的大量の知覚情報を瞬時に保持する一方で、必要な要素を選択して貯蔵処理していると推論しました。視覚情報のための感覚記憶は、**アイコニックメモリー**[*10]（**iconic memory**）と呼ばれ、聴覚情報のための感覚記憶は**エコイックメモリー**（**echoic memory**）と呼ばれてきました。感覚記憶は、一般に、その容量は大きいのですが、その期間は非常に短いのです。

短期記憶

感覚記憶の他に、一九六〇年代に提唱された情報処理モデルでは、一つ以上の短期記憶貯蔵庫が数秒の間、情報を保持するという仮説が立てられました。何かに注意を向け、それを、**短期記憶**（**short-term memory**、**一次的記憶**[*11]あるいは**短期貯蔵庫**〈**short-term store**〉ともいわれる）に移す、これには、およそ七つの項目を保持する容量がありま

＊8　スパーリング（Sperling, G.）
アメリカの認知心理学者。博士論文で部分報告法を用いてアイコニック記憶の研究を行うなど、さまざまな新しい研究手法を開発し研究を行った。

＊9　部分報告法（partial report procedure）
アイコニック記憶、視覚情報保存に関する実験で、スパーリングによりはじめて使用された。ランダムな文字列（例：四つの数字からなる三行の文字列）を短時間（一般に五〇ミリ秒）見せられ、その後、その数字を正確な位置にできるだけ多く報告する「全体報告法」に対して、指示された列の項目のみを答えさせる方法。（文献⑴）

＊10　アイコニックメモリー（iconic memory）
視覚情報保存とも呼ばれる。感覚的に受け取る情報は、視覚・画像的（iconic）に対して聴覚・擬音的（echoic）がある。

＊11　一次的記憶（primary memory）
ジェームズは長期にわたり保持される記憶を二次的記憶（secondary memory）というのに対し、瞬時の記憶を一次的記憶（primary memory）といった。クレイクは、短期記憶と長期記憶において、知覚過程を重視する意味で一次的記憶と呼び、意味的・連合的記憶を二次的記憶と呼んだ。（文献㉘）

す。この貯蔵庫は、たとえば、新しい電話番号に電話をかけるときに用います。この貯蔵庫は容量が限られているため、短期記憶がいっぱいになれば、古い情報が新しい情報に置き換わります。(今日かけるのに必要だが、二度と使わない電話番号といった) より重要度の低いことは短期記憶に保持され、用がなくなると、消えてしまいます。たとえば、今晩どんな映画が上映されているかを知るために映画館に電話をする場合、比較的短時間、頭に電話番号を保持する必要はありますが、用が終われば、破棄することができます。

科学論文では、言語の短期記憶貯蔵庫はかなり注目されてきました。その存在は――少なくとも、一部には――自由想起における**新近性効果**[*12] **(recency effect)** に基づいて、推測されてきました。たとえば、ポストマンとフィリップ (Postman & Phillips) は、一〇、二〇、三〇語のリストを想起することを被験者に求めました。即時に思い出そうとする際に、被験者は、リストの真ん中にある言葉を思い出すよりは、最後の単語のほうが想起しやすい傾向がありました。これは新近性効果とよばれています。しかし、この記憶検査はほんの十五秒 (逆唱のように、被験者が声を出して言う時間と同じ長さの遅延時間) も遅れると、効果は消失しました。この所見を解釈すると、新近性効果というのは、最後の記憶項目が、かなり限られた容量の短期記憶貯蔵庫から検索されたということです。

　さらに、言語の短期記憶貯蔵庫は、基本的には聴覚的、音韻論的形態で保持されるということが、一九六〇年にアラン・バドリー[*13]（Alan Baddeley）によって提唱されました。短期記憶の想起中にあらわれる誤りの聴覚的特質に注目することによって、この考え方の支持が得られました。記憶保持すべき対象が視覚的に提示されたときでも、こういうことが起こり、これは貯蔵された情報が聴覚的コードに変換されることを表しています。たとえば、コンラッドとハル（Conrad & Hull）は、音声的に類似した文字列（たとえば、P、D、B、V、C、T）を視覚的に提示すると、音声的に異質の文字列（たとえばW、K、L、Y、R、Z）を提示した場合より正しく想起することが困難となることを示しました。

＊12　新近（性）効果（recency effect）　最後に提示された語を思い出しやすいこと。⇔初頭効果（primacy effect）最初に示された語の成績がよいこと。（文献(1)）

＊13　バドリー（Baddeley, Alan）（一九三四—）イギリスを代表する実験心理学者。人の記憶に関する多くの研究を行っているが、「ワーキング・メモリー（作業記憶）」の研究で有名。本文中のワーキング・メモリーのモデルを提示した。

長期記憶

情報に注意を向け、心の中で繰り返す（「リハーサル」する）ことを続けることは、容量にほとんど際限がないと考えられる長期記憶貯蔵庫（**二次的記憶〈secondary memory〉**ともいわれる）に、その情報を転送することになります。より重要な情報（たとえば、家を引っ越す場合に知っておくべき新しい電話番号や、暗証番号や、あなたの誕生日）は長期記憶貯蔵庫に格納されます。この、記憶の長期的側面が、この章での焦点となります。

短期記憶貯蔵庫の情報の聴覚的な表象とは反対に、長期記憶（long-term memory）の情報は、主として情報の**意味（meaning）**によって蓄えられると考えられます。そのため、前に提示された文章の中で意味のある部分を選んで、あとで思い出すように言われると、その文言を、一語一語、正確に再現することはできませんが、通常その文の意味や要旨を言うことができます。（バートレットの研究に関して）第1章で見たように、「トップ・ダウン方式の」の意味の付与は、しばしば、「**幽霊の戦い**」の物語の場合と同様に、記憶のゆがみやバイアスを招くことになります。この長期記憶におけるバイアスの話題については、第4章の、**目撃証言**についての検討のところで、ふれることにしましょう。

前述した、アトキンソンとシフリンの記憶の三段階モデルの類似のモデルは、ヒトの記憶の複雑な側面を単純化して描出するのに有用です。しかしながら、このモデルを、実際の観察所見に当てはめるためには、複雑な人の記憶をたゆまず整理することが必要です。たとえば、先に概説した情報処理モデルは二つの基本的な仮説からなっています。

1　情報は、最初に短期記憶貯蔵庫を通過することによってのみ、長期記憶に到達することができます。

2　情報を短期記憶貯蔵庫でリハーサルすることで、この貯蔵庫にその情報を保持すると同時に、長期貯蔵庫にその情報を転送させるチャンスを増やします。

しかし、この概念を説明できる主要な症例を詳しく調べることにより、一つ目の仮説には、難題が生じました。その症例の脳損傷患者は、短期記憶容量が大きく障害されているために、（アトキンソン‐シフリンのモデルの用語では）短期記憶貯蔵庫が著しく障害されていました。それにもかかわらず、こうした患者では、どうも長期記憶の能力は障害されていないようでした。被験者らがことばのリストの最後の二、三語をより長い時間間隔でリハーサルした結果、それらの言葉の長期記憶における改善は見られなかったという研究結果により、アトキンソン–シフリンのモデルの二番目の仮説に、再考を要する課題が生じました。ある一定の環境下では、多くの異なる場合において同じ情報に遭遇すること（これは、当然のことながら、リハーサルが増加することにつながると推測されますが）、その情報を保持に結びつけるためには、これでは十分ではありません。たとえば、第1章で見てきたように、人は、毎日使い慣れている硬貨の表面について隅々まで思い出すように求められたとき、十分にその要求に答えられません。

短期記憶貯蔵庫と長期記憶貯蔵庫の区別に対する他の証拠も問題となってきました。先に見たように、たとえば、自由再生における新近性効果は、短期記憶貯蔵庫の働きに属します。その理由は、想起前の数秒が逆唱などの発語のための作業で埋められているときにこの効果が減少することです。しかし、被験者がリストにあるそれぞれのことばに従ってことばを覚え、逆唱するとき、最後のいくつかの項目はリストの中間にあるものより思い出しやすいのです。この研究結果はアトキンソン–シフリンのモデルとは食い違っていました。アトキンソン–シフリンのモデルに従えば、短期記憶貯蔵庫は逆唱の作業で「一杯になって」いるはずであり、つまり、新近性効果が観察されないはずです。意味の符号化（すなわち、その意味を用いた情報処理）も、ある状況下の短期記憶学習において実証されており、これは、音声学的符号化が、短期記憶貯蔵庫の情報を表象する唯一のコード化様式ではないということを示しています。

以上のようなアトキンソン–シフリンの情報処理モデルに関する問題に続いて、二つの重要な動きがありました。一つのアプローチは、特にバドリーとその共同研究者らのものですが、これまでに行われてきた記憶研究の見解の弱点に光をあてて、短期記憶モデルに改良を加えることでした。バドリーらも、短期記憶が認知において果たす役割について、さらに特徴づけることを模索しました。のちに改変されることになりますが、この考え方の変遷は、独創的なバドリーのワーキング・メモリー・モデルへとつながってゆきます。アトキンソン–シフリンのモデルの検証に関する問題の、もう一つの大事な動きはさらに全般的で、このモデルが強調している記憶貯蔵庫やその容量の限界に対して問題を投げかけ、その代わりに、記憶という作業で生じている情報処理の本質や思い出すことそのものの情報処理の重要性に基盤を置く新たなアプローチに焦点をあてることでした。

それぞれ、どの記憶モデルも、究極的には非常に興味深いものですが、記憶に関する多くの理論において、短期記憶と長期記憶の過程の間にあらかた基本的な区別を置いています。これから見てゆくように、短期記憶と長期記憶というこの二分法の根拠は①正常、健康被験者において施行された実験と、②記憶障害をもった脳損傷患者の研究に由来しています。短期記憶貯蔵庫と長期記憶貯蔵庫の間の区別を支持する基礎的生物学的研究から収斂してきた証拠もあります。

ワーキング・メモリー（作業記憶）

短期記憶貯蔵庫について考え進めていくと、**短期記憶**と**ワーキング・メモリー**（作業記憶）の区別は、しばしば曖昧になります。短期記憶は先に（明示的にあるいは暗黙に）比較的**受動的な**プロセスとして概念化されました。しかしすでに、短期記憶が単に情報を保持する以上のことを行っていることがわかっています。たとえば、もしも、短期記憶にある文章を保持している場合、私たちは通常、逆の順にその文章の言葉を繰り返すことや、その文章の一つ一つの言葉の初めの文字を暗唱（列挙）することができます。これこそが、短期記憶に関して、ワーキング・メモリーという用語の使用がもたらす**積極的な**意義です。それは、現在、こころの中に保持している情報を使って行われているある一定のこころの営み（「作業〈work〉」）があるからです。「作業記憶（working memory）」と「短期記憶（short-term memory）」という用語もまた、しばしば、**意識（consciousness）**と同義語のように用いられています。これは、私たちが意識的に自覚していること――すなわち、私たちが今こころに抱いていること――が私たちのワーキング・メモリーに保持されているためです。

スパン（span）という用語は、よく、人が短期記憶に保持できる情報量を指して用いられます。ジョージ・ミラー[*14]（George Miller）が一九五〇年代に、健常若年者において、短期記憶の限界を通常7±2項目と定めました。私たちの短期記憶の土台となっているメカニズムは、私たちが言葉のリストを思い出そうとするときに、確かめることができます。私たちはそのリストのなかで最後のいくつかの言葉をよく覚えています。その理由は、短期記憶の中に、それが、まだ保持されているからです。『リチャードⅡ世[*15]』の中

＊14　ミラー（Miller, George）（一九二〇―）アメリカの心理学者。ハーバード大学教授、マサチューセッツ工科大学（ＭＩＴ）教授など歴任し、米国心理学会から賞を受けている。プリブラムなどとともに、コンピューター理論から人間行動を考え直した。人間の記憶システムに「チャンキング」の考え方を導入した。（文献㉛）

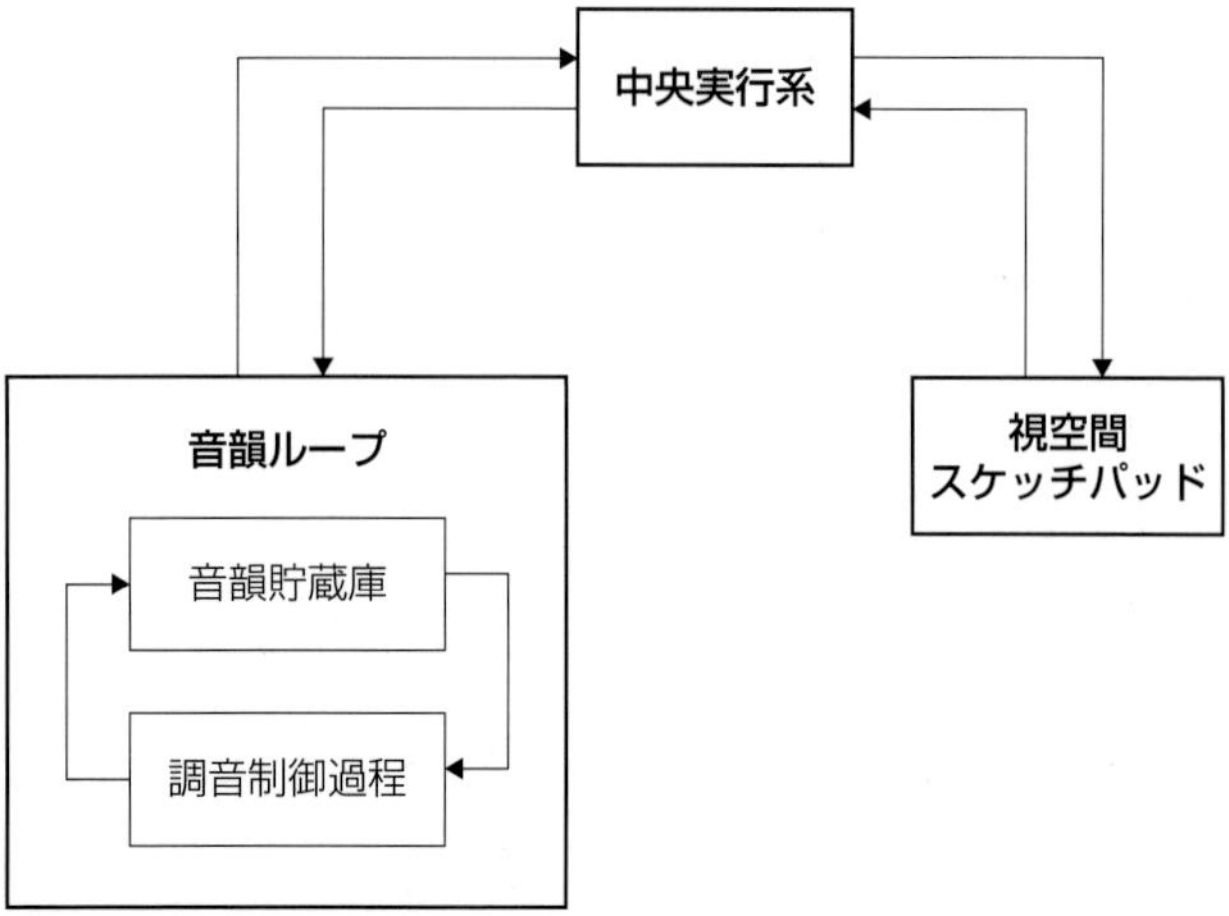

図6． 1974年に、アラン・バドリー（Alan Baddeley）とグラハム・ヒッチ（Graham Hitch）は、短期記憶を三つの基本的な要素（中央実行系、音韻ループ、視空間スケッチパッド）に細分化したワーキング・メモリー・モデルを提唱しました。

で、「最後に味わう甘美なお菓子のごとく、最後のものが最も甘く、前のものよりずっと記憶に刻印される」とウィリアム・シェイクスピアが表現しています。短期記憶のスパンは、発音のスピードに関係しており、そのため、小声でことばや文字や数字を速く言えれば言えるほど、短期記憶スパンが長くなります。

ワーキング・メモリーは単一の存在ではなく、三つの要素（図6参照）から構成されているという確かな証拠があります。バドリーは、自分の有力な仮説としてのワーキング・メモリー・モデルにおいて、**中央実行系**（**central executive**）といわゆる二つの「従属システム（slave system）」――**音韻ループ**（**phonological loop**）と**視空間スケッチパッド**（**visuo-spacial sketchpad**）――の三つの成分を形式化しました。その後、バドリーは改訂したワーキング・メモリー・モデルに**エピソードバッファー**（**episodic buffer**）を追加しました。彼の提唱したこれらの成分の機能的役割については、①中央実行系が注意を制御、従属システムを調整し、②音韻ループは音韻貯蔵庫と調音制御過程を包含し、これは内言語に重要な役割を担っています。③視空間スケッチパッドは精神的なイメージを構成し操作するために重要な役割をもち、そして、④（図の中に示していませんが）エピソードバッファーはワーキング・メモリーにおいて情報を統合し操作します。

音韻ループ

おびただしい数に上る研究が、**音韻**（**phonological**）（または**構音**〈**articulatory**〉）**ル**

＊15　『リチャード二世（Richard Ⅱ）』
イングランド王リチャードⅡ世（在位一三七七―一三九九）の生涯をもとにしたシェイクスピアの歴史劇。本書に引用されている"As the last taste of sweets, is sweetest last, writ in remembrance more than things long past."は、第二幕第一場での、死の淵にあるジョン・オブ・ゴーント（叔父）のせりふ。（文献⑺）

ープに集中しました。これが、言語の発達と、成人の複雑な言語要素の理解に重要な役割を果たしていると考えられていました。その存在は、記憶スパンタスクの成績が、一般的に構音コードの使用に実質上依存しているということを証明する実験によって支持されています。たとえば、あなたが単語を聞き取って、誤りなく復唱することができるのは、その言葉のもつ複雑さの働きなのです。研究の被験者が単純な音やことば（「ラ、ラ、ラ (la, la, la)」あるいは「ザ、ザ、ザ (the, the ,the)」）を反復（声に出して、または暗唱）する**構音抑制** (**articulatry suppression**) という方法によって、一時的に音韻ループがさらなる情報を保持することを妨害することができます。そうして、構音抑制を伴うパフォーマンスと伴わないパフォーマンスを対照することで、音韻ループの関与を証明することができます。

音韻ループの長さは、限定されています。音韻ループの長さを最も特徴づけているのは、項目数なのでしょうか、それとも、時間の長さ（間隔）なのでしょうか？　人の「**メモリースパン**（**記憶範囲**〈**memory span**〉」——すなわち、聞き取って、間違いなく復唱ができることばの数——は、ことばを言うのに要する時間の長さの機能であることが示されてきました。だから、たとえ、二つのリストが、単語の数や、その単語のもととなる意味のカテゴリー（たとえば、感染、動物、国、アメリカの州、金属）という点で対をなしていても、短期記憶テストでは、「cold, cat, France, Kansas, iron」のような短い単語のリストは、「enphysema, rhinoceros, Mozambique, Connecticut, magnecium」より、かなり思い出すことが容易です。しかし、もし被験者が、単語のリストを覚えている間に構音抑制を実行しなければならない場合には、この**語長効果**[*16] **(word length effect)** は排除されます。語長効果のもう一つの例は、異なる国の言語で数字の一から一〇を発音する場合、それぞれの発音可能なスピードの相違としてあらわれます。異なる言語を話す人にとって、数字のメモリースパンの大きさは、その数字をその言語で話すことができる速さに関係します。以上のことやその他の研究結果によって音韻ループが（項目ではなく）時間に制約を受けていることがわかりました。

視空間スケッチパッド

これに対し、**視空間スケッチパッド**[*17] **(visuo-spacial sketchpad)** は一時的なイメージの貯蔵やそのイメージの操作のための手段となっています。同時空間的タスクが記憶容量という点で互いに妨害し合うことを示す研究から、この視空間スケッチパッドの存在が、推測されています。したがって、もし、二つの非言語タスクを同時に遂行しようとする場合（たとえば、自分の頭をたたきながら、おなかをさする）、これらの二つのタスクは、（それぞれ一つのタスクのみ遂行する場合のパフォーマンス・レベルに比較して）視空間スケッチパッドに過剰な負荷をかけることになるかもしれませんし、その結果、それぞれのタスクパフォーマンスが減退することになるかもしれません。視空間スケッチパッドは、チェスをする場合に関係があり、棋盤上のチェスの駒の異なる形状を把握処理する際に、空間的短期記憶の寄与を反映していることが、複数の研究により示されてきました。

中央実行系

中央実行系は、現在まで、バドリーのワーキング・メモリー・モデルの中ではそれほど特徴のはっきりした要素ではありません。ワーキング・メモリーにおける、注意や戦略的側面を担っていると考えられており、音韻ループと視空間スケッチパッドの両方が同時に活性化されているならば——たとえば、（被験者に研究の中で遂行するように指示したように）ある単語のリストを思い出し、同時に空間的な動作を遂行するならば、双方の間で協調して働く認知の処理資源を意味するかもしれません。[*18] 中央実行系の研究において、バドリーらはそうした二重課題法[*19]（dual task methodology）を適用しました。それは、一つ目のタスクにより中央実行系が活動している状態になるようにデザインされ、一方、二つ目のタスクは中央実行系がこのタスクの遂行に集中できるかどうかを評価するためのものです。一つ目のタスクを同時に遂行しているために、二つ目のタスクの遂行が難航するとき、その中央実行系は二つ目のタスクの実行に関係があるという結論を下すことができま

＊16　語長効果（word length effect）
文字や数字の列（例：3 6 7 5 8 9など）などを読み上げて直後にそれをそのまま報告させる記憶範囲課題で、使用される語が長くなると再生できる語数が少なくなること。（文献㉛）

＊17　視空間スケッチパッド（visuo-spatial sketchpad）
バドリーの提唱したワーキング・メモリーのモデルの構成要素。視覚的・空間的情報をリハーサルするための機能をもつ。バドリーは「空間情報を一時的に貯蔵するのに適合したシステムで、たとえば幾何学パズルを解くときに使うメモ用箋のようなもの」と定義した。

＊18　処理資源・情報処理資源（processing resources）
人は、一度にたくさんのことをするのは難しい。何らかの活動を行うためには、その活動に注意を集中するための処理資源（注意資源 attentional resouses）が必要と考えられる。一度に注げる処理資源には限界があり、複数の活動をするためには、処理資源を適切に配分しなければならない（Kahneman, D.）。ワーキング・メモリーでも、同様のことが当てはまり、この処理には中央実行系が関与している。

＊19　二重課題法（dual task methodology）
ワーキング・メモリーの代表的な研究法。二つの異なる課題を同時に遂行させる課題を与えることによって、被験者の作業負担の測定や、注意資源（attentional resource）の活用方法の検討に用いられる。ワーキング・メモリーにおける処理能力の限界などを調べる。（文献㉛）

す。研究者が中央実行系に行わせるタスクに、ランダムな文字列の生成があります。被験者は、その文字列が、「C–A–T」「A–B–C」「S–U–V」などのように意味のある順に並ばないように注意をしながら文字列を生成するよう指示されます。被験者の文字列の生成作業と、被験者自ら文字を選択する行為を常にチェック監視する作業が、中央実行系を占拠します。チェスの実戦で調べられたチェスの名人の駒の場所の記憶は、文字の生成タスク遂行によって損なわれますが、構音抑制によっては損なわれないということがわかっています。これは、（音韻ループでなく）中央実行系がチェスの駒の位置を覚えることに関与していることを示しています。

臨床的な見地からは、中央実行系の外乱の効果としては、「実行機能障害症候群（dysexecutive syndrome）」[*20]で混乱した、無目的な行動が観察されます（これは前頭葉の脳障害に関連づけられています。第5章と第6章参照）。

エピソードバッファー

バドリーのワーキング・メモリー・モデルの最新版はエピソードバッファーという機能的な要素を導入しています。バドリーの最新版モデルによると、長期記憶から回収された情報は、しばしばワーキング・メモリーによって占拠されている現在の需要領域と統合する必要があります。この認知機能をバドリー（二〇〇一）は、エピソードバッファーにおきました。私たちには象がアイスホッケーをしていることがイメージできる、という例をバドリーは出しました。この枠組みの中で、象はピンク色をしているとイメージすること、象がどのようにホッケースティックを持っているかを想い描くこと、そしてその象がフィールドのどのポジションにいるか思い浮かべることによって、単なる長期記憶からもたらされる象とアイスホッケーについての情報を、超えることができるということが論じられました。つまり、エピソードバッファーによって、私たちは、すでに長期記憶に存在するものの範囲を超え、それをいろいろな具合に組み合わせ、新しいシナリオを創造し、それに基づいてきたるべき今後の行動に備えます。

＊20　実行（遂行）機能障害症候群（dysexecutive syndrome）
発動性の低下、保続、行動の維持困難、中止困難、衝動性、脱抑制、誤りの修正障害など。前頭葉機能と密接な関係がある。

記憶のメタファー

ワーキング・メモリーはデスクトップコンピューターのRAM容量にたとえることができます。コンピューターによって進行中の作業は――処理資源という点で――コンピューターのワーキング・メモリーとしてのRAMを占有する作業です。コンピューターのハードディスクは長期記憶に似ています。情報をハードディスクに入れ、それをそこにいつまでも蓄えておくことができて、そして一晩コンピューターのスイッチを切っても、なおそこに蓄えられています。コンピューターのスイッチを切る電源は、人では眠りに落ちることのたとえとみなすことができます。私たちは、ぐっすり眠ったあと、翌朝目覚めて、長期記憶の中に蓄えられている情報（自分の名前や生年月日、何人兄弟姉妹がいるか、そして、自分の個人的な過去における重大な日にあった出来事など）にアクセスできます。しかし、一般的に、翌朝覚醒時に、自分のワーキング・メモリーに保持した寝る前の情報は思い出すことができません（なぜなら、その情報は通常、眠りにつく前に長期記憶に転送されていなかったからです――これは、夢の国に行く数分前にすばらしいアイデアが浮かんでいたときにはたいへん悔しいことです！）。もう一つこれに関連した例として、①一度限りの電話を、はじめてのレストランにかける場合の短期記憶の使用、そしてその反対に、②新しい長期記憶を創造する場合、たとえば、新しい家に引っ越して、新しい家の電話番号の記憶の表象を作らなければならない時があります。

コンピューターディスクドライブのたとえも、記憶の符号化、貯蔵、検索の理解を助けてくれます。インターネット上の大量の情報のことを考えてみてください。これは莫大な長期記憶システムとして考えることができます。しかし、インターネットからの情報を探索したり、検索したりするツールがないと、基本的に役に立ちません。情報は理屈のうえでは使用可能ですが、現実的には、あなたが必要なときにアクセスすることができるでしょうか？　これが、近年、グーグル（Google）やヤフー（YAHOO!）のような検索ツールがインターネットの使用を大規模に変容させてきた理由です。

ワーキング・メモリーとその構成要素の働きの話題を進めてきましたが、今度は長期記憶について提唱された異なる機能的要素について考えます。この長期記憶の機能要素の区別は、健康な人やさまざまなタイプの脳損傷を持つ人の評価を通して得られた所見を説明する手段として提唱されてきました。この二つの情報源はともに人間の記憶の機構に付帯する大切な情報を提供してきました。

意味記憶、エピソード記憶、手続き記憶

心理学者が行った有用な区別は、エピソード記憶と意味記憶の間の相違です。いずれも、意識的にアクセス可能な異なるタイプの長期記憶を表していると考えられています（この区別は第1章ですでに述べました）。特に、タルビング[*21]（Tulving）によれば、**エピソード記憶**（**episodic memory**）は特定の出来事を思い出すことに関係していて、一方、**意味記憶**（**semantic memory**）は本質的に、世の中についての一般的な知識に関係します。エピソード記憶は時、場所やその出来事に関連する情動の回想に関係します[*22]（**自伝的記憶**〈**autobiographical memory**〉――以前の出来事の回想――は最近大きな関心を集めているエピソード記憶の下位区分です）。

エピソード記憶は、簡単にいうと、あなたが経験した人生の出来事の記憶と定義することができます。当然ながら、この記憶はそれらを刻み込んだ時間や状況の隅々まで保持している傾向があります。だから、先週行ったことを覚えていることや自動車運転免許の試

験を受けたときにあったことを回想することはエピソード記憶の例に当たります。

エピソード記憶は、**意味記憶**（**事実**〈**facts**〉と**概念**〈**concepts**〉の記憶）とは対照的で、相互に作用をしています。**意味記憶**は、それを獲得した環境に関係なく保持されている知識と定義されます。実際私たちは、自ら自覚しないでエピソード記憶と意味記憶を結合し合成します。たとえば、自分の結婚式の日に起こったことを思い出そうとするとき、私たちのその日の回想は、そのときの自分の期待や、結婚式で生じる**おきまり**の意味知識と結びついています。

以下に、いくつか**意味記憶**をあらわす例を挙げます。

＊21　タルビング（Tulving, Endel）（一九二七—）エストニア生まれ。カナダに移住。心理学者。記憶研究の世界的権威の一人。トロント大学教授を長く務め、記憶の心理学におけるトロント学派をつくってきた。記憶の研究において、主観的体制化、符号化特殊性原理など新しい概念の提唱を行い、記憶研究に貢献してきた。

＊22　自伝的記憶（autobiographical memory）人は誰でも、つらい思い出、楽しい思い出などがあるが、これは個人的な感情やその人独自の意味をもっている。こうした、人が自分の生涯を振り返って再構成できるエピソードを自伝的記憶といい、自己の生き方やアイデンティティーと深い関係がある。

フランスの首都はどこか？
一週間は何日あるか？
イギリスの今の首相は誰か？
空を飛ぶ哺乳類には何がいるか？
水の化学記号は？
ロンドンからヨハネスブルグへ飛行機で行く場合、どの経路を通るか？

これらの質問の難易度はそれぞれ異なりますが、すべての質問に対して、私たちが日常生活の中で獲得し、当然のことだと思っている世界についての一般知識に関する巨大な貯蔵庫を上手に利用することになります。これとは反対に、もし私があなたに、昨日の夕食は何を食べましたか、または、前の誕生日にどんなことがありましたか、と尋ねたら、あなたの答えは**エピソード記憶**をたどることになります。その理由は、私がそのとき、あなたの生活の中で起こった特定の出来事やエピソードのことを尋ねているからです。今朝、朝食を食べたというあなたの記憶は、あなたがいつ、どこで、何を食べたかということにまつわるエピソード記憶です。一方、「朝食」という言葉が意味することと、それに関連することを思い出すことは、意味記憶です。したがって、当然のこととして、「朝食」が意味することを記述することができますが、おそらく、いつ、いかにしてその概念を学んだかを思い出せません――あなたが朝食の概念についてほんの最近知ったのだとしても（きっと、「朝食」という概念を子どものときに学んでいますが、最近さらに、その他の概念をたくさん獲得しています）。エピソード記憶が時間を経て、いかに意味記憶に「転換」するかは、依然として、多数の研究の関心の対象であり、推測の領域にとどまっています（たとえば、エベレスト山が世界一高い山と知った最初のときには特別なエピソードに入りますが、だんだんと時間がたつと――そして暴露を繰り返すと――この情報は一つの意味情報となります）。

意味記憶とエピソード記憶がまったく別の記憶システムなのかどうかは、いまだに明らかにはなっていません。しかし、両者の区別は、一方のシステムが他方より障害されていると考えられる臨床的記憶障害を特徴づけるのにきわめて有用です。たとえば、意味記憶を優先的に冒しうる「意味性認知症（semantic dementia）」[*23]のような脳障害があることを研究者は発見しました。これに対し、タルビングは、いわゆる「健忘症候群（amnestic syndrome）」は意味記憶ではなくエピソード記憶の選択的な障害として特徴づけられると述べています（第5章参照）。

三つ目のタイプの長期記憶――**手続き記憶**[*24]**（procedural memory）**たとえば自転車に乗るのに必要な一連の身体的動作――は意識的にアクセスできる記憶とは無関係です。また、パ[*25]ーキンソン病のように、手続き記憶を選択的に冒す可能性のある脳障害があるとされています。手続き記憶は、均質な記憶システムとしてではなく、いくつかの異なるサブシステムからなると考えるべきであるという提言がなされています。

顕在記憶、潜在記憶

記憶の研究者が行っているもう一つの一般的な区別は顕[*26]在記憶（explicit memory）と潜[*27]在記憶（implicit memory）の区別です（この枠組みは、ここまでに述べてきたエピソード記憶、意味記憶、手続き記憶を含む枠組みと類似点があります）。この枠組みの中で、**顕在記憶**は、情報、経験や記銘した状況について、思い出すときに意識的であるものとして定義されています。このタイプの記憶の経験内容を顕在（explicit）といわず「回想（recollective）」と呼ぶ研究者もいました。先に述べたエピソード記憶と非常に似かよった概念の呼称です。

これに対し、**潜在記憶**は、それまでの体験の結果としての行動や感情や思考に影響を及ぼしているものにあたりますが、これはもとの出来事を意識的に回想しなくても、あらわれます。たとえば、もし朝、仕事に行く途中に中華料理店の前を通ったら、その日、あとになって中華料理を食べに行こうと考えるかもしれません。この思いつきは、あなたのあ

＊23　意味性認知症（semantic dementia）
人を見ても誰かわからないなど、語や顔や物品の意味記憶障害が目立つ認知症。エピソード記憶は保たれ、記銘力障害は明らかではない。立方体を描くことや、計算ができる。側頭葉前方部の萎縮が中心で、ほぼ側頭葉優位型のピック病に相当するとされる。（文献㊳）

＊24　手続き記憶（procedural memory）
意識にのぼらない無意識的記憶で、運動や技術や習慣などの技能記憶。運動技能、迷路学習、パズル解法など。

＊25　パーキンソン病（Parkinson's Disease）
パーキンソン病はドーパミンの低下により運動機能をつかさどる大脳基底核など錐体外路系の神経が障害される神経変性疾患である。主な症状として、動作の緩慢（無動）、手足のふるえ（振戦）、筋肉のこわばり（筋固縮）などの運動症状がみられるが、近年、非運動症状も注目されており、便秘や起立性低血圧などの自律神経症状やうつ状態などの精神症状などがみられるとされる。またさらに非運動障害の認知障害として、手続き記憶の障害があるとされる。

＊26　顕在記憶（explicit memory）
明らかな想起意識を伴う意識的記憶。

＊27　潜在記憶（implicit memory）
想起意識を伴わない無意識的記憶。

の出勤途中の体験に影響されていたと意識的に気づいてはいないのです。

潜在記憶と顕在記憶との区別はしばしば、「プライミング（priming）」[*28]と呼ばれる現象を測定する研究によって具体的に説明されています。多くのプライミング研究で用いられるタスクの一つは所用時間を計測しながら単語の断片を完成する作業です（たとえばe_e_h_nという断片から単語を完成させます。90ページを開いて、あなたはこの断片を正しく完成できたか見てみてください）。健康な人では、断片となった単語の完成は、一般に、なじみのない単語より、最近出合った単語のほうが早くて、確実です。奇妙に思えるかもしれませんが、そのことば自体が、意識にのぼってはいないが、潜在記憶にアクセスできるときにも、この現象は起こります。潜在記憶と顕在記憶との区別についても、**健忘症（amnesia）**の患者の研究からくる根拠があります。これらの患者では、健忘のため、前に提示されていた言葉や絵を意識的に認識することができませんが、それにもかかわらず、健康な人と同じように対応する単語の断片をうまく完成することができます。こうした研究から、記憶の機能的な働きには根本的な相違があり、この相違は、その検査が、以前の出来事の自覚を必要としているかどうかによることがわかります。

この見解には、さらに証拠があります。たとえば、一九八〇年代に、ラリー・ヤコビ

(Larry Jacoby)は二種類の検査を行いました。「再認[*29](recognition)」(学習した情報の意識的な想起を意味する)と「無意識の記憶(unconscious remembering)」です。この場合は、知覚同定課題〈perceptual identification task〉を用いた検査で、たとえば、瞬時に視覚的に提示された単語を見分けます。ヤコビは、この実験において、標的語がどのように学習されるのかも周到に検討しました。ヤコビの用いた標的語はそれぞれ、①文脈のないもの(「girl」のみの提示)、②文脈としてそれとは反対のものを示す(「boy—girl」を一緒に提示)、③提示語とは反対の言葉を被験者が答える(「boy」を提示し、被験者が「girl」と答える)というものです。

このあとに行われる顕在記憶テストでは、被験者は標的語と新しい単語を混合して示し、どの単語を前に学習したのか見分けます(前の段落で述べたように「学習した」単語

＊28　プライミング(priming)
実験手法において、先行刺激(プライム刺激)があとに続く刺激(ターゲット刺激)に及ぼす影響を見る。促進的影響を及ぼす場合はポジティブプライミング、抑制的に働く場合をネガティブプライミングという。プライミング効果とは、一般には、先行する知覚対象の呈示が、その再生を無意識的に助ける機能をいい、一度でも見たものは、最初の見たものが意識されていないにもかかわらず二度目には見やすくなる効果。潜在的処理・反応促進効果のことをいう。

＊29　再認(recognition)
再生されたものが、記銘されているものと同じであるかを確認すること。

は提示されたものと自分で答えたものの両方を含みます)。これに対し、潜在的記憶テストでは、標的語と新しい単語を混合して、一回に一個ずつ、短時間に提示され、被験者は単語が提示されるごとにそれぞれの単語を見分けることを求められました。この研究の結果は、以下のとおりです。顕在的再認は「文脈のない単語」から「自分の答えた単語」の順で改善しますが、興味深いことに、潜在的知覚同定課題ではこの反対になります! このように結果が逆転していることから考えると、その背後にあるプロセス(すなわち潜在記憶と顕在記憶)は別個のもので、おそらくはそれぞれ独立した記憶メカニズムであると考えられます。

このように注意深く定義された厳格な実験法を用いれば、内省[*30](self-reflection)や内観(introspection)ではとうてい分離することのできなかった精神作業間の基本的な相違を明確にすることができます。この領域で、注意深く、系統的に行われた研究には他に、アンドレア(Andrea)らの麻酔中の記憶に関する研究があります。全身麻酔下で提示した情報の潜在記憶について、提示中に意識がなくても、麻酔から覚めたあとで言うことができることを、アンドレアらは証明しました。このような研究結果は、全身麻酔下で行われる手術中に患者について語ることに関して、手術チームのメンバーは細心の注意を払わなければばならないという示唆を導きました！　加えて、さらなる研究により、商業広告は、主として、潜在記憶における効果を介して機能しているであろうということが提唱されました。前もってあるテレビのコマーシャルを見せられている人は、見たことのないコマーシャルより魅力的だと評価することが示されています（**単純接触効果**[*31]**〈mere exposure effect〉**として知られている現象です）。

異なる種類の記憶タスク

潜在記憶と顕在記憶との区別とは、提唱されている二つの記憶システムの区別のことをあらわしています（この話題に関する、より専門的で、包括的な総説は、Foster and Jelicic, 1999 参照）。この二つの記憶システムの間の区別は、しばしば、別々の機能的プロセスが、それぞれ違う形で包含されているかもしれない別個のタイプの**記憶タスク**ととも

＊30　内省（self-reflection）、内観（introspection）
自己観察。直接自分自身の考え方など意識過程を観察吟味すること。

＊31　単純接触効果（mere exposure effect）
以前接触したことのある刺激には、好意を抱きやすくなる現象。日常生活では、テレビなどでの商品のコマーシャルと宣伝効果の関係などがある。

に――おそらく、混同されて――用いられています。ある記憶タスクの中には、意味や概念について考えることが必要となるものもあります。これらは、しばしば**概念駆動型タスク**[*32] **(concept-driven tasks)** と呼ばれます。たとえば、覚えたことばのリストの中から目的の項目を思い出すように言われたら、そのことばを顕在記憶として思い出すことになります。あなたは、自動的にそのことばの意味も同時に思い出すことになります。もう一つのタスクは、提示された資料にさらに注意を向けることを求めるものです。それらは、しばしば**データ駆動型タスク**[*33] **(data-driven tasks)** と呼ばれています。だから、もしあなたの要求されているタスク（課題）が、学習リストを見ないで、未完成の単語の断片（たとえばe_e_h_n_）を完成する課題であるなら、その学習セッションの影響は顕在記憶ではなく潜在記憶的です。あなたは文字に関する視覚パターンの作業を遂行しているのであり、単語の意味の作業を遂行しているつもりはほとんどないでしょう。

潜在記憶か顕在記憶かを振り分けるタスクは、それぞれ**直接 (direct)** 記憶課題と**間接 (indirect)** 記憶課題と呼ばれることがあります。そのタスクの性質（概念駆動型またはデータ駆動型、直接または間接など）やテストされる記憶の要素（顕在または潜在）の性質を分離することは至難の業です。多くの研究者は、記憶タスク（課題）には、実際、本当の意味で「**純粋な**プロセス（process pure）」はないと主張しています。それゆえ、それぞれの記憶タスク（課題）は潜在記憶プロセスと顕在記憶プロセスの両方の組み合わせにより成り立っています。記憶タスクごとに異なるのは、それぞれのプロセスが関与する比重なのです。

記憶の体験

記憶タスク遂行に伴う体験の記憶様式が、顕在記憶か潜在記憶かの区別に関係します。たとえば、人が何かを「記憶していること（remembering）」と「知っていること（knowing）」の間には、明確な記憶の区別があります。「記憶していること」とは、人が、初めての学習テストの検査中に、ある特定のことを認識したという現象学的体験をもつということと定義されていました。これに対し、人は、はっきりとそのことを記憶していなくて

*32　概念駆動型タスク（concept-driven task）
概念駆動型処理とは、トップダウン処理、先行知識としてすでに記憶のなかにある知識が私たちの期待に影響を与えて、新しい入力情報の理解を助ける情報処理の方法であるが、この処理法を用いる課題のこと。

*33　データ駆動型タスク（data driven task）
データ駆動型処理とは、ボトムアップ処理、感覚を通して受け取ったデータに依存する情報処理の方法であるが、この処理法を用いる課題のこと。

も、その単語がもとのリストの中にあることを単に**知っている**だけかもしれません。この「記憶する」／「知る」の区別は、最初エンデル・タルビングにより使用されました。タルビングは、研究の中で、検査を行い、①それを学習して覚えているという体験を伴うのか、または②それが提示されたということを知っているがその出来事をはっきりと記憶していないのか、それぞれの反応を求め判定しました。その後、ガードナー（Gardiner）、ジャバ（Java）とその共同研究者は、さまざまな異なる実験条件を用いて、「記憶する」と「知る」の判断の領域の研究を行いました。

この区別を、操作的に取り扱う、つまり客観的にあらわすのは、どちらかというと困難なことです。しかし、「記憶する」判断と「知る」判断の二つの間の差異に影響する多くの巧妙な実験的操作が示されてきました。たとえば、意味情報処理（その単語の意味が強調される場合）は、音声情報処理（学習する単語の音声に焦点をあてる場合）より「記憶する」反応に誘導されやすいことが示されてきました。対照的に、この研究では、「知る」反応の割合のほうは、意味条件と音声条件の間で相違がないという結果となっています。

情報処理水準

記憶（特に長期記憶）について考えるときに不可欠で大切な役割を果たしてきた枠組みには「情報処理水準（level of processing）」[*34]という考え方もあります。構造的な記憶のモデルとは対照的に、この枠組みは、構造や容量よりもむしろ記憶の情報処理の重要性を強調しています。情報処理水準の枠組みの研究は、フェルガス・クレイクとボブ・ロックハート（Fergus Craik & Bob Lockhart）が実験心理学論文として明記したのが最初ですが、小説家マルセル・プルースト[*35]（Marcel Proust）は「我々は、深く考えないことはすぐに忘却する」と著し、その鍵となる根本原理を予示しました。クレイクとロックハートは、私た

＊34　情報処理水準（level of processing）
単語が符号化される処理の水準の相違により記憶成績が左右される。クレイク（Craik, F.I.M.）とロックハート（Lockhart, R. S.）がこの概念を提唱した。Craik, F. I. M. & Lockhart, R. S. level of processing : a framework for memory research.Journal of Verbal Learning and Verbal Behavior. 11 : 671-84, 1972.

＊35　プルースト（Proust, Marcel）
（一八七一―一九二二）フランスの作家、エッセイスト、批評家。代表作「失われた時を求めて」は二〇世紀フランス文学の最高傑作とされている。

ちが、どれほど覚えているかは、符号化するときにいかに滞りなく情報を処理するかに依存していると主張しました。彼らは、提示刺激の物理的特性を扱う「表面的な」レベルから、音韻（構音）特性を含む「より深い」プロセス、その意味符号化を伴う、言葉のもつ意味としての、さらに深いプロセスにいたるまで、種々の**情報処理水準**の相違について記述しました。

これ以降、符号化時点で「より深い」情報処理を行った場合は、「表面的な」情報処理を行った場合に比べて、（のちの記憶成績の点では）優れており、また、意味情報処理を介して、記憶素材を入念に練り上げることが、記憶材料の学習の改善につながることが、多くの信頼のおける実験研究によって示されてきました。これは何を意味するのでしょうか？　それでは、ここで、例を示しましょう。もし、あなたが単語のリストを学習するように言われて、①そのリストにあるそれぞれの単語の定義を言う、あるいは②そのリストにあるそれぞれの単語に対して個人的な連想を述べるとしましょう（この課題は、いずれも、そのリストの単語の意味情報処理を必要とします）。③そのリストの単語と韻の合う単語を答える、または④リストのそれぞれの単語のアルファベットの文字数を答える、といったより表面的で、意味タスクの少ない課題を遂行するように言われたときより、①あるいは②の課題を行った単語のリストのほうを、たいていは、よく覚えているものです。

言い換えると、DOGという言葉を見れば、大文字で書かれていることに注意を向けることで、それを比較的表面的な方法で簡単に情報処理するかもしれません。一方、frogやlogと音韻を踏んでいるということを心に留めることで音韻学的にそれを情報処理することもできます。あるいは、単語の意味について考えることもできます（「dog」は、ときには「人間の親友（man's best friend）」といわれることもある毛むくじゃらの動物である、など）。さらに、単語の意味に基づく推敲作業を伴う意味情報処理は、より奥深いところの情報処理が起こっていることを示し、より強固な記憶をもたらすはずです（たとえば、品種の異なる犬や、生まれはどこか、その犬特有の機能的役割は何か、その品種の特徴はどうなのか、などを考えた場合です）。

このアプローチの有用性を説明するのに、クレイクとタルビングは、記憶実験において同じ単語が正しく認識される確率は二〇〜七〇％と、様々であり、これは、先の符号化の際に遂行された情報処理の「深さ」[*36]によることを証明しました。最初の情報処理が、単語が大文字か小文字かを判断するのみの課題では、正しい認識は二〇％水準でした。押韻の決定の課題でも改善しましたが、その単語の意味が与えられた文章に合致しているかどうか判断する情報処理を含む課題では、その成績は、著しく改善しました（七〇％が正しい認識でした）。

こうした情報処理モデルの水準には、多くの研究資料による裏づけがあります。しかし、これまで、初期の情報モデルは詳細にわたって批判されてきました。具体的には、この研究の仕方は、その説明の方法では論理的に循環しているという理由で反対意見が出されてきました。このため、もしも、ある特定の符号化の操作や方法によって、よりよい記憶パフォーマンスが得られるということが観察されれば、それは、――「情報処理水準」の枠組みという視点からいえば――認知情報処理の「より深い」レベルの方法に由来するといえます。またこれとは反対に、別の符号化の操作や方法によって、その後の成績が劣る結果となれば、その場合は――同じく処理水準という点でいえば――符号化する時点で、より「表面的な」情報処理によっているに違いありません。このため「情報処理水準」の枠組みは、自己成就的で検証不可能となることが懸念されます。この問題の本質は、その後の記憶成績に無関係な、情報処理の「深さ」と「浅さ」の基準をいかに工夫するかということなのです。

したがって、情報処理水準の基準は、それが生み出す記憶成績とは無関係に見極めることは不可能だと言われてきました。しかし、最近、クレイクは、情報処理の深さに関して独立して計測を行うことができる生理学的、神経学的方法があることを指摘しました。そのモデルの検証可能性には問題点も考えられますが、「情報処理水準」の研究は——大切なこととして——①符号化する際の対象（資料）の情報処理の種類、②符号化する際の対象の推敲、③符号化する際に起こる情報処理の適切さ（のちの記憶作業への「転移(transfer)」という点で——この問題は第3章でさらに考察します）、などを含む重要な機能の問題に注意を注いできました。バートレットが表現した枠組み（第1章）と同様に、情報処理水準の枠組みで大切なポイントは、私たちが記憶情報処理における**積極的な主体**であるということであり、また、私たちが覚えていることは、①私たち自身が物事に遭遇したときに利用している情報処理過程と②その物事自体の特性に依存しているということなのです。

＊36　情報処理の「深さ」（'depth' of processing）
単語がどれくらい深いレベルで処理されるかに応じて、記憶保持の良し悪しが左右される。Craik, F. I. M. & Tulving, E. Depth of processing and the retention of words in episodic memory, J. of Experimental Psychology : general, 104, 268-94, 1975.

断片から完成した単語（78ページ）

Elephant

第3章　手品師の帽子から迷子のウサギ

もしも、あなたの記憶力を確かめたいなら、一年前の今日、何を心配していたかを思い出してみるがよい。

作者不詳

この章では、目的となる情報がどのようにして記憶から呼び出されるかを考えます。情報の利用可能性とアクセシビリティ（46ページ参照）の基本的な区別について考察してゆきます。これについては第2章ですでに触れています。特に、普段、私たちが記憶に関してよく経験する困難は、情報を取り込んで、保持したはずなのに、それを思い出す必要があるときにその情報を検索することができないということに関連していると私は考えています。ここでは文脈の役割が特に大切だと思われます。他の条件が同じなら、私たちが情報を検索しようとしているとき、私たちがその情報に曝露されていたときと同じような身体的文脈と感情的状態にいる場合、情報をより有効に覚えている傾向があります。「舌の先現象」[*1]をこの章でもさらに検討します。たとえば、パーティーで、思い出そうとしている名前（人や場所）の最初の文字、あるいは、その名前の発音を知っていても、その名前自体を検索できないかもしれません。

行動から記憶を推理する

第2章で見たように、ある過去の出来事の記憶を呼び覚ますもととなったと思われる多くの種類の行為があります。少し前に新しい歌を聞いたとします。あとになって、再びその歌を聞いたときに、歌の歌詞を思い出したり、その歌詞を認識することになります。あるいは、再びその歌を聴けば、歌詞をあなたが顕在的に認識していなくても、聞きなれた歌として聞こえます。つまり、歌そのものの意識的回想や認識や、聞きなれているという自覚がまったくなくても、その歌のもつそのメッセージによって、あなたの行動や精神状態は、潜在的に影響を受けています。

私たちは、毎日、莫大な量の情報に遭遇していますが、そのうちの一部を覚えているにすぎません。五感で処理した情報を符号化し蓄積しながら、それを効果的に検索できるようにしなければなりません――これは、第1章で、記憶の基本的、論理的要素について考察した際に述べました。私たちがどの出来事を覚えるかということは、その出来事の機能上の意義に依存しています。たとえば、進化の歴史において、ヒトは脅威（肉食動物の出現など）あるいは報酬（食料源になるものの発見など）の信号となる情報を覚えることによって生き延びてきたのかもしれません。

私たちが検索することができるということは、その情報が、はじめの段階で符号化され分類される文脈の内容と、検索時の文脈に、符号化された時の文脈がどの程度マッチして

＊1　舌の先現象（tip of the tongue phenomenon）
思い出そうとして、舌の先まで出かかっているが思い出せないこと。

図7． あなたは、自然に、この人がどんな人なのか思い出す（再生する）ことができるでしょう。（歌手、エンターテイナーなどの）手がかりが必要かもしれません。もし、この人の名前が想起できなくても、彼女の名前を再認することができるでしょう。名前はシエールそれともマドンナ？ 手がかり再生は、自由再生より、どちらかというと容易です。再認は自由再生や手がかり再生より簡単です。

いるかということに大きく依存しています。これは**符号化特殊性原理（encoding specificity principle）**[*2]といわれています。たとえば、私たちの多くは、普段とは違った状況で友人や知人に出会ったとき、彼らを誰か認識できず、少し決まりが悪い思いをした経験があります。普段、仕事や学校で決まった服装をしている誰かに会っていると、結婚式やレストランでまったく違った服装をしている場合にその人を認識することができないかもしれません。このあと、さらにこの原理について考えてゆきます。しかし、その前に、記憶を評価する基本的な方法について考えます。

＊2　符号化特殊性原理（encoding specificity principle：ESP）タルビングによって提唱された、記憶の際の符号化と検索条件の関係についての原理。「手がかりに含まれる情報が記憶痕跡上に符号化されている場合に限って、その手がかりは記憶痕跡の検索に成功する」。符号化を行うときの効率は、検索の手がかりに依存し、また逆に検索手がかりが有効に働くかどうかは、符号化操作によって変化するという。符号化特殊性原理は符号化時と想起時の文脈の一致・不一致により記憶成績が変わる文脈依存記憶とも関係があり、私たちは、覚えたときの文脈と思い出すときの文脈が、異なる場合よりも、同じ場合の方がよく思い出すことができ、思い出せないことでも、その場所に行くと思い出すことを経験する。

検索―再生と再認

情報を**再生**する（**recall**）ということは、情報をこころに浮かべることです。再生のきっかけとなる手がかりや、これを促進する手がかりは常に存在します。たとえば、試験の問題は、決まって、私たちの再生を、試験官の目的にかなった情報に向かわせるような内容の手がかりを含んでいます。「金曜日の夜は何をしていましたか」というような日常的な質問は、時間の手がかりを含んでいます。こういった手がかりは非常に漠然としていて、たくさんの情報を提供しているわけではありません。この種の非特異的な手がかりに反応する再生は**自由再生**（**free recall**）といわれています。手がかりによっては、情報が豊富なために、より特定された出来事や情報を導くかもしれません。「金曜日の夜に映画を見たあとどこへ行きましたか？」というような質問は、ある特別な記憶対象を引き出す目的のために、さらに多くの情報を提供するという点で、先に引用した質問とは異なります。手がかりがより直接的になると、その再生処理過程は**手がかり再生**（**cued recall**）と呼ばれます。

これ以外にも例があります。実験研究の文脈で検索について研究するとき、いわゆるラーニングエピソードの時期に、物語のような情報を被験者に提示します。それから、被験者にその物語中のある特定の側面を再生するように求めます。**自由再生**では、まったく手助けなく、その物語に関してできるだけ多くのことを、被験者に思い出させます。第2章で述べた「舌の先現象」は、しばしば、私たちが検索しようとしている情報のほんの一部分にアクセスしているにすぎないという、自由再生に共通の問題の特質を表した典型例です。これに対して、**手がかり再生**では、情報を検索するために想起の手がかり（カテゴリーや単語の最初の文字など）を提示します。たとえば、「昨日読み聞かせたストーリーの中にあるJで始まる人の名前をすべて挙げなさい」と質問します。回答者には、手がかり再生は、自由再生より、どちらかというと、簡単である傾向があります。これは、想起のためにたくさんの援助と文脈を提供しているからかもしれません――つまり、そうした手がかりを提示することで、「記憶作業」の一部を代行してあげているのです。情報を検索するのに、手がかりは役立つのですが、この手がかりがまた、曲解とバイアスを招くおそれがあるということは、留意すべきです（第4章で、目撃証言の問題を考えるときにより詳しく見てゆきます）。

ある一定の過去の出来事や情報が、再び現れたときに、それだと確認する能力を、**再認（recognition）**と呼びます。たとえば一般に試験においては、正誤問題と多肢選択問題は、情報を正しく認識する学生の能力に目標を定めています。実生活では、「映画が終わってからあなたは食事に行きましたか？」のような質問は、ある出来事や情報を提示し、それが過去の出来事に一致するかどうかを尋ねるものです。**再認**は非常に簡単なタイプの検索です。なぜなら、回答者のあなたには、いくつかの「標的」となる記憶材料が実際に提示され、それについての決定をするだけだからです。「強制的選択再認」では、たとえば、二つの選択肢（一つだけはあなたが以前に見たことのあるもの）が提示されます。それは二つの選択肢から一つを選択する強制的な選択です。これは、「yes/no 再認」と比較できます。yes/no 再認は、一連の選択肢を一度に一つずつあなたに示し、「前に、この選択肢を見たことがありますか？」と質問するものです。この場合は、それぞれの選択肢に応えてあなたはただ「yes」または「no」と答えるしかありません。系統的な実験によると、二つの独立した処理過程が再認に寄与している可能性があります。

文脈検索

文脈検索は時間と場所の「顕在記憶（想起）(explicit recollection)」に依存しています。たとえば、あなたは、誰かのことを、先週の金曜日に仕事から帰宅途中のバスで出会った人だと、認識するかもしれません。だから、このタイプの再認では、あなたは、自分の以前の体験の時と場所を特定する必要があります。

親近性（熟知性）

どこか親しみを感じる人に出会い、これまでに会ったことがあるとわかっていても、いつどこで会ったのかまったく思い出すことができないことがあります。このタイプの再認の体験は、「熟知過程（familiarity process)」に由来していますが、そこには以前に出会ったときの顕在記憶（想起）がありません（第2章で論じた「知る」タイプの反応に非常によく似ています）。会ったことがあると感じる親近性（familiarity）の効果は、過去の出来事をこころに思い浮かべる能力（すなわち、再生か再認）を使わずに、認識することが可能です。あなたは、きっと、何回もこの体験をしています。顕在的に認識できないのに、会ったことがあると感じる人に遭遇した経験があるでしょう。事実、広告が成功する基盤となるメカニズムの一つは、特定の商品を、広告によって、より親近性のある（familiar）ものとすることです。大衆は、親近性のないものより、とりわけ親近性のあるものを好むからです（第2章の「単純接触効果」を参照してください）。だから、「すべての広告は、良い広告（all publicity is good publicity）」という昔のことわざがあるのです。

私たちがたいてい遭遇している体験に、よく知っていると勘違いする感覚、「デジャビュー（déjà vu）」[*3]という不思議な現象があります。この現象は、前の出来事を思い出したり、あるいは、その出来事やエピソードが起こったというはっきりとした確証を示すことがまったくできないのに、以前に何かを目撃したと感じるときに起こります。デジャビューは、親近性のメカニズムが間違って作動し、新奇な対象や情景によって親近性の感覚が誘発されて起こると考えられます。さらに、催眠によりデジャビューが誘発されることが研究者らにより報告されています。このため、デジャビュー体験の背景にある脳メカニズムは、一般に、私たちが十分に覚醒しているときに作動している機能とは異なるメカニズムによって成り立っていると考えられます。

再生と再認の文脈効果

再生は、文脈効果に非常に影響されやすく、再認は一般にそれほど影響されません。たとえば、ダイバーらが水中と陸上でそれぞれ情報を覚えるように言われ、その後、その記憶に関して、同一の場所におけるものか、別の場所でのものかをテストした研究でこれが、証明されています。

ゴッデンとバドリー（Godden & Baddeley）は、二つの有名な研究で、陸上と水中で情報を覚えるようにダイバーに指示し、その後、①同じ文脈、②異なる文脈で検査しました。

この研究では、ダイバーの再生記憶は、あとで記憶のテストをした際、最初にその情報

＊3　デジャビュー（既視感、Déjà vu）
それまで一度も経験したことのない体験にもかかわらず、かつて経験したことがあるように感じられること。未視感（ジャメ・ブ jamais vu）とともに、統合失調症の初期や、側頭葉てんかん、脳血管障害の症状としてみられるといわれてきたが、健常者の場合に体験することも稀ではないとされている。⇔未視感（ジャメ・ブ jamais vu）は、見慣れたはずのものが未知のものに感じられること。

を符号化したときと同じ文脈の中にいるかどうかに、強く影響されることが示されました。つまり、水中で覚えて、水中で記憶テストを行う場合、あるいは、陸上で覚えて、陸上でテストする場合は、はるかに多くの情報をダイバーは覚えていました。しかし、覚える作業をする文脈（場所）と記憶テストをする文脈（場所）が一致しない場合（陸上に対し水中、または、水中に対し陸上）、ダイバーの記憶成績の水準は著しく低下しました。以上をまとめると、異なる場所で情報を思い出す場合、再生は困難でしたが、覚えたときと同じ場所で情報を思い出すときは困難ではありませんでした。ただし、これは再生に対するエビデンスですが、再認のエビデンスではありません。覚えるときとテストをするときに同じ文脈にいることによって提供される手がかりが、効果的な再生のために重要ですが、再認に対してはあまり影響を及ぼさないようです。

面白いことに、再生の成績は、その人の生理学的あるいは心理学的状態にも影響を受けます。たとえば、ある人が、たいへん落ち着いた状態のときに何かを覚えて、その後不安時、または興奮しているときにテストをすると、再生の成績水準は低下する傾向にあります。しかし、落ち着いているときに覚えて、その後、落ち着いているときに記憶テストを行う、または、興奮しているときに覚えて、その後、興奮しているときに記憶テストをすると、成績は改善します。これは、試験勉強をする学生にとって大事なことです。とても落ち着いているときに試験のための復習をし、しかしそのあと試験本番で不安で興奮した状態なら、（覚えるときと、テストのときで、気分の釣り合いがとれている場合（気分一致 mood congruent）に比べて）その試験においては情報を十分に再生できないことになります。したがって、あなたが、試験の最中に、生理的にも、心理的にも、試験勉強時と同じ状態になるよう試みるために、リラクセーション療法[*4]を利用することは賢明かもしれません。

人の心理状態に影響を及ぼすアルコールなどの作用物質や薬物は同様の効果があるとされてきました。主観的には、コメディアンでエンターテイナーのビリー・コノリー[*5]（Billy Connolly）が二〇〇六年のオーストラリアのテレビ番組中でインタビューを受け、この問題についてうまく表現しています。

＊4　リラクセーション療法（relaxation therapy）
心身の緊張をときほぐす治療法

＊5　ビリー・コノリー（William "Billy" Connolly, Jr.）
The Big Yin（The Big One）のニックネームで知られる、イギリスのコメディアン、ミュージシャン、テレビ司会者、俳優。ラストサムライなど多くの映画に出演。

無論、その時にゃ、僕は自分がどこにいるかわかってる。おまけに、自分のやってることの分別もわきまえているんだ。今度は、酔っ払いのお前さんの番だ、一瞬後には、思い出せない失神状態、それを思い出すのに、また、酒を飲まにゃならない、そうするとお前さんは二つの記憶をもつ人になる。しらふの記憶と酔っ払いの記憶。おまえさんはそのとき、ふたりの人格になってるんだから……

（ABC transcript of Enough Rope interview）[*6]

以上のように、生理的な**文脈依存性**[*7]（**context dependent**）の効果だけでなく、こうした**状態依存性**[*8]（**state dependent**）の記憶と忘却の効果もあることがわかります。記憶の状態依存性の効果は、さまざまな異なる環境のもとで生じると考えられますが、系統的な実験研究では、自由再生を用いてテストしたときにのみ一貫して見られます。手がかり再生や再認をテストするとき、状態または文脈の変化の影響はきわめて不安定です。

この問題を科学的に研究することは困難ですが、夢の内容を思い出そうとしてもなかなか思い出せない理由の一つは、状態依存性の忘却に関連があるということかもしれません。しかし、夢を見ている最中に起こされたときにはたいてい比較的簡単に夢を再生できます——おそらく、その理由は、少なくとも夢の内容のいくらかはワーキング・メモリーにまだ保持されているからです。

自由再生に関する状態依存性の感度のことを、いくつかのファクターから説明することができます。たとえば、並はずれて精神的活動性が高い状態のとき、人は、普段、異常な状態でないときに用いている方略とは異なる異常な符号化方略や検索方略を選択する可能性があります。たとえば、マリファナ中毒[*9]は、刺激に対する反応において、異常な連想を

＊6　イナフ・ロープ（Enough Rope）
オーストラリアの放送局であるＡＢＣのインタビュー番組。

＊7　文脈依存性効果（context dependent effects）
ある情報を記銘する際に背景となる情報としての文脈が、記銘時と想起時で違い場合より同じ場合のほうが記憶成績が良いなど、人の思考や記憶はこの文脈により影響を受ける。

＊8　状態依存性記憶（state dependent memory）
ある状況（身体的、心理的）で経験したことは、それと同じ状況にあるとき最もよく想起できると考えられている。状態依存性記憶は、薬物依存性記憶に加え気分依存性記憶などの枠組みでも研究されてきた。薬物依存性記憶では、薬物による生体のある状態での記憶は同じ状態のときによく想起され、そうでないときには想起されにくいという。

＊9　マリファナ中毒（marijuana intoxication）
大麻から抽出した非合法薬物はマリファナと呼ばれ、急性中毒状態が生じ、特有の酩酊状態や、幻覚、自律神経症状が生じる。長期使用などで、動因喪失症候群が生じるとされる。わが国ではマリファナは麻薬取締法の対象である。

生じさせます。この場合、自由再生を促す際に、重大な問題が生じます。なぜなら、この場合、協力者が、彼らの想起の助けとなる、適切な文脈的手がかりや情報を考え出さなければならないからです。しかし、実際は、手がかり再生や再認において、標的項目についてのある一定の情報が応答者に提供され、符号化操作と検索操作の間の不一致の可能性が、実質的に減少します。なぜなら、覚える時点ですでに提示された一定量の情報がテストのときにも再提示されるからです（このため、この情報量は不変です）。

さらに、先に述べたように、記憶の再認はしばしば、強い「親近性」の要素をもち、これは文脈に左右されず、したがって、文脈の変動に悪影響を受けにくいのです（ただし再生と同様に、状態や生理的文脈は、前に私たちが考察した記憶の再認のうちの「顕在記憶」の要素に影響を及ぼします）。

記憶における無意識の効果

再生や再認ができなくても、親近性の感覚がなくても、記憶は、なお観察できます。第

2章で述べたように、以前、情報に出会った体験がある場合、過去に出会った情報であるがために、その後の同じ情報との出会いは、また違ったものとなるかもしれません（それは記憶していることが意識されていない場合でも同じです）。しかし、記憶に及ぼす無意識の効果というのは扱いにくい問題かもしれません。「世界で最も大きな彫像はチベットにある」などの断定的命題は、正しくないにもかかわらず、人はこれを信じるのかということが、信頼すべき研究によって調査されました。被験者がその前の記憶実験でその言葉に遭遇していれば——まったく意識的に思い出せなくても——その断定的命題のほうを信じる傾向にあることがわかりました。こうした記憶の無意識の効果は、広告のような、行動的手段という社会的文脈における効果に重要な役割を果たしているかもしれません。

第2章で見てきたように、**プライミング（priming）**とは、私たちの過去の出来事が、私たちに及ぼす（無意識の）行動上の影響のことをいいます。ある出来事のあとの行動を、もしその出来事がなかった場合に生じる行動と比較することによって調べることができます。先の例において、具体的な命題（世界で最も大きな彫像が立っている場所など）を信じることは、その命題に遭遇することによって、前もってすり込まれているかもしれません。もし、命題に遭遇した人と、遭遇しなかった人からなる二つのグループを、比較するとすると、信じる人の比率は、はじめに遭遇していることによって前もってすり込まれていた割合の程度を反映しているようです。次にもう一つ、プライミングの例を見てもらいます。単語の断片「_i_c_o_e」を考えてください。研究者は、その断片からなる問題を解いて、正しい英単語（たとえば「disclose」）に完成するのにどれだけ時間を要するか計測し、①最近その単語や考えに出合った人が要した時間と、②出合わなかった人が要した時間を比較するとします。最近、「disclose」という単語に遭遇しているのに、その体験を思い出せない場合でさえ、この人は、こうした先行経験がない人より、一般に、単語の断片を、素早く正解することができます（そして、第2章で見たように、健忘症の人はこうした種類のタスクを上手にこなします）。その手がかりに対する反応時間の相違はプライミング効果の一例です――これは先行する体験に関する（持続効果としての）一種の記憶の痕跡です。

カテゴリーと連続体

記憶の存在を推測される行動（behavior）は、（自由再生……手がかり再生……再認……

親近感……無意識の行動への影響と順に続く）階層的な行動の連続体のいずれかの形で、記憶は存在するものとみなすことができます。こうした様々な記憶の現われ方の相違は、記憶のもつ強固さの相違や有用性の相違によることを、この考え方は、示唆しています。記憶が強固で有用である場合、（そのほかすべての記憶の存在証拠とともに）自由再生が可能であるということになります。しかし記憶が弱まったり、あるいは他の何かの理由で、有用でなくなったりすれば、自由再生は起こりません——しかし、記憶の強さや有用性の水準が「低く」なっても（再認、親近性、無意識の影響として）なお観察可能です。

この考え方は、その簡便さゆえに魅力的ですが、単純な連続体という捉え方には、問題点もあります。たとえば、情報を再生出来るということは、情報が正しく再認されるということを必ずしも意味しません。さらに、記憶の対象となることばのなかには、単語使用頻度のように、再認や再生において、相反する効果をもっているものもあります。頻繁に使われる「table」という単語は、「anchor」のような使用頻度の少ないカテゴリーの単語より再生することが容易です。しかしながら、使用頻度の低い言葉はより再認されやすいのです。加えて、意識的に覚えた情報は、偶発的に獲得された情報より、一般に再生しやすく、無意識に覚えた情報はよりはっきりと再認されることがあります。ここでのキーポイントは、記憶の符号化が直接的に行われる場合に、特定の記憶パラメータでは、（おそらく予期しない）異なる結果が、得られるかもしれないということです。つまり、これは、単一の単純なシステムや単一の連続体にそって操作される過程から記憶効果が成り立っているわけではないことを表しています。

関連の研究と検査

この章で見てきたように、私たちが何を検索できるかは、はじめに情報が符号化され、分類される文脈と、そして、この文脈がどの程度、検索の文脈にマッチしているかに大きく依存しています。タルビングが**符号化特殊性原理**を展開し、学習（符号化）時に起こることと、テスト（検索）時に起こることの間の関係を強調したことを述べました。それぞれの符号化の文脈において何が符号化されるかは、状況選択的で、個々の学習時における需要によって決定されます。タルビングによれば、あとになって何が思い出されるのかは記憶テストの文脈ともとの学習の文脈の間の類似性に依存しています。陸上と水中でダイバーに行ったテストについてのゴッデンとバドリーの実験でこの一例を学びました。

バークレイ（Barclay）らによって行われた次の実験は、符号化特殊性をさらに詳しく例証しています。バークレイらは被験者に、文の中にキーワードを埋め込んだ一連の文章を覚えることを指示しました。たとえば、「ピアノ」という単語を提示した「男はピアノの調律をした」あるいは「男はピアノを持ち上げた」の二つの文のうちどちらかを示したのです。再生時に、キーワード（ピアノ）のそれぞれの特性（属性）について、文章の手がかりとして①適切なことば、あるいは、②不適切なことばを提示しました。テスト時に、ピアノを調律するという文章を与えられた被験者は「旋律の美しいもの」というフレーズの手がかりを与えると「ピアノ」を思い出しました。これに対し、ピアノを持ち上げたという文章を学習した被験者は、「旋律の美しいもの」の手がかりを与えられたとき「ピアノ」という言葉を再生するのがより困難でした（これは、符号化特殊性原理によると、このグループの場合、学習の時点でピアノの旋律がきれいだという側面が文章の中に強調されていなかったからです）。これに対して、符号化する際に、ピアノを持ち上げるという文章を学習した被験者は、テストのときに、「旋律の美しいもの」という手がかりより、「重いもの」ということばを与えられる場合のほうが手がかりとして有効でした。

この実験は、符号化特殊性に関する二つの重要な側面を示しています。

1　もととなるイベントの要素のうち、学習状況によって特異的に活性化される要素のみが、符号化される。

2　情報が最適な形で再生されるためには、テストの手がかりは、はじめに符号化された情報の固有の側面を標的にする必要がある。言い換えると、記憶は、符号化されたことと、手がかりとなるものの間の一致に依存する。

このため、最適な再生を達成するためには、学習時に関与する情報処理の種類が、テスト時に必要となる情報処理の種類に一致していることが必要です。モリス（Morris）らは、第2章で述べたクレイクとタルビングの「処理水準」の実験を拡張して、**転移適切処理（transfer appropriate processing）**[*10]の効果を論証しました。最初のクレイクとタルビングの研究では、被験者に、符号化する際に、覚えるべき言葉の①生理的、②音韻的（韻を踏む）、③意味的側面に注意を向けるよう指示しました。第2章で見てきたように、一般的なテスト状況下では、符号化の際の意味処理は、テスト中に最良の再生水準をもたらしました。しかし、モリスらによって行われた研究では、テスト時点で、もう一つの条件が追加され、被験者らは符号化する際に、提示された単語に韻の合う単語を見分けるという課題も与えられました。この新しい「韻を合わせる」検索条件には、①学習の時点で、韻を合わせる課題と②テスト時点で、韻を合わせる課題の間に、より密接な一致が見られました。韻を合わせることが学習課題の焦点である場合は被験者では、テストの際、韻を合わせる（すなわち音韻処理）単語の再生は最も成績が良かったのです。

＊10　転移適切処理（transfer appropriate processing）
本文中に記載されているように、学習時の深い意味的処理が、必ずしも記憶成績に最良の効果を発揮するとは限らず、音韻的処理をしたほうが、成績がよかった（Morris ら）。学習時とテスト時の認知的処理状況が類似している場合に、学習時の処理が、テスト時の処理により転移しやすいという。

第4章　記憶の誤り

この章では、もの忘れの背景にある問題を取り上げます。いったい、私たちは本当に忘れてしまっているのか、それとも、貯蔵した情報を検索する困難（障害）に遭遇しているのかの議論について考えます。その他の種類の記憶の困難（障害）――たとえば、暗示により誘発される記憶の歪曲やバイアスも取り上げます。これは数十年にわたり行われてきた莫大な量の研究（特に、目撃証言に関する研究）の中心課題です。さらに、質的により効果的に記憶が機能する状況、つまり、（たとえばジョン・F・ケネディの暗殺、[*1]ダイアナ妃の死亡など）[*2]記憶が特に鮮明であることが論じられてきたいわゆる「フラッシュバルブ記憶（flashbulb memory）」の状況についても考えてゆきます。これに関連して、たとえば、脅威や報酬の状況では、より効果的に情報保持を行う傾向があることなど、感情に強く訴える出来事が記憶機能に及ぼす影響について考えます。

忘却

どうか、あの十一月五日の火薬陰謀事件[*3]のことを思い出してください。われわれが決して火薬陰謀事件を忘れるわけがないことは周知の事実です。

作者不詳

忘却が存在するということは、まだ証明されていない。われわれが知っていることはただ、回想ということはわれわれの力の及ぶところでない、ということだけである。

フリードリッヒ・ニーチェ[*4]「曙光」

当然必要な符号化と貯蔵と検索の三者間の区別は、第1章で紹介しました。忘れることは、貯蔵庫に蓄えた情報の紛失と定義されます。貯蔵庫に情報を保持すること自体に問題

＊1　ジョン・F・ケネディ（John F. Kennedy）
第三十五代アメリカ大統領。一九六三年、遊説先のテキサス州ダラスで、オープンカーでパレード中に狙撃され、弾丸が頭部に命中し死亡した（図8はその時のパレードの写真）。まさにこの日、日本でも初の日本とアメリカ間のテレビ中継実験（衛星中継）が行われており、多くの日本国民もほとんどリアルタイムにこの事件を知ることとなった。

＊2　ダイアナ妃（Diana, Princess of Wales）
ウェールズ大公妃ダイアナ殿下。イギリス女王エリザベス二世のチャールズ王太子の元妃。一九九七年八月三十一日に三十六歳という若さで交通事故死。ダイアナ急死のニュースは世界中に配信され、さまざまな憶測や報道がなされ、誰もが忘れることのできない事件となった。

＊3　火薬陰謀事件（Gunpowder Treason and Plot）
一六〇五年に英国で発覚した政府転覆未遂事件。イングランド国教会優遇政策下で弾圧されていたカトリック教徒のうち過激派によって計画されたとされる。地下に仕掛けた大量の火薬で、ウエスト・ミンスター宮殿内の議事堂を爆破し、開院式に出席する国王ジェームズ一世らを爆殺する陰謀。未然に発覚し失敗に終わった。十一月五日の未明、三十六樽の火薬に点火しようと地下室に潜んでいた実行犯ガイ・フォークス（Guy　Fawkes）が発見されその場で逮捕された。この「十一月五日」（ガイ・フォークス・デイ）という日がイギリスで特別な意味をもって記憶されることになった。“Please to remember/The Fifth of November,/Gunpowder Treason and Plot ;/I see no reason/Why gunpowder treason/Should ever be forget…”など同様の一節が、マザー・グースの歌にもみられる。

＊4　フリードリッヒ・ニーチェ（Nietzsche, Friedrich）
ドイツの哲学者。一八四四年生まれ。一八六九年バーゼル大学文献学教授。一八七〇年普仏戦争に従軍。一八七九年健康がすぐれず、大学を辞任。一八八九年精神病となり、一九〇〇年に没する。実存哲学の先駆者。主著に「ツァラトゥストラかく語りき」「権力への意思」「悲劇の誕生」などがある。引用は『曙光』の一節。（文献⑲）

図8. 1963年のジョン・F・ケネディの暗殺、ダイアナ妃の死、そして2001年のニューヨークのワールドトレードセンターの破壊は、その事件が起こったときに生きていたものにとって決して忘れることのできない出来事です。

がなくても、検索しようとするときに、よく似た記憶が混ざり合って互いに妨害するために「忘れる」こともあります。記憶が十分に機能しているとはどのような状態であるかを理解するためには、情報を忘れることに影響する要因を、よく考えてみる必要があります。

忘れることに対する伝統的な見解は二つあります。一つは、記憶が単に衰えて、崩壊してしまうというものです。ちょうど物質界の物体のように、時間経過とともに衰え、侵食され、光沢を失ってゆきます。この見方は、忘れることや覚えることを**消極的**に捉えた概念です。二つ目は、忘れることはより**積極的な**過程であるとみなす見解です。この考え方では、記憶の中で情報が受動的に衰退するということを強く支持する証拠はなく、他の記憶が上に重畳するために記憶の痕跡が壊れて、形がはっきりとしなくなり、忘却が起こるとされます。言い換えると、忘れることは妨害の結果として起こるのです。

最近の論文における一致した見方では、この**両方のプロセスが存在する**と考えられていますが、これら二つのことが一緒に起こるために、他の出来事による妨害（干渉）と、**記憶が衰退し**、**崩壊してゆく**という時間経過の重要性とを、明確に分離することはきわめて困難です。たとえば、もしあなたが、一九九五年のウインブルドン男子テニス最終戦で起こった出来事を思い出そうとする場合に、①時間の経過につれて忘れるという理由、②他の年のウインブルドン男子テニス最終戦の記憶が一九九五年の最終戦の記憶を妨害するという理由、③この**二つのプロセスがともに働きあう**という理由で、あなたの記憶は完全ではないかもしれません。しかしながら、妨害こそが、忘却の背景にある重要なメカニズムであろうとする証拠があります（言い換えると、もし、あなたが、一九九五年のウインブルドン男子テニス最終戦以来、テニスの試合を見たことがなかったら、同時期以後、他のテニスの試合を見たことのある人より、この出来事をよく覚えていることになります。なぜなら、一九九五年の最終戦に対するあなたの記憶はどちらかというと、より「示差性《じさせい》[*5]（distinctive）」があるからです）。

さらに一般的には、私たちの経験は記憶の中で相互に影響しあい、互いに干渉しあう傾向があり、その結果、ある経験に対する記憶は、しばしば、もう一つの経験に対する記憶と相互に関係をもってしまいます。よく似た二つの経験は、似ていれば似ているほど、記憶の中で相互に影響しあう傾向が強くなります。この相互作用が、古い学習結果の上に、新しい意味学習を積み上げる場合に役に立つ場合もあります（この章でのちほど考察しますが、たとえば、チェスの名人は初心者より盤上の駒の場所をよく覚えています）。しかし、二つのエピソードを分離して、それをまったく別個のものとすることが大事な場合、もしもそうしなかった場合より、互いの干渉により、記憶は不正確になります。たとえば、二つの異なるウインブルドンテニス最終戦の記憶の区別がつかなくなるかもしれません。

フラッシュバルブ記憶とレミニセンス・バンプ

記憶において興味深い特徴の一つは、特に非日常的で刺激的な出来事であった場合、長期にわたって、とても生き生きとその出来事を覚えていると考えられることです。この現象には、①フラッシュバルブ記憶[*6]（flashbulb memory）と、②レミニセンス・バンプ[*7]

＊5　示差性（distinctiveness）
弁別的、相対的な特性、見分けのつきやすさ。

＊6　フラッシュバルブ記憶（flashbulb memory）
ワールドトレードセンター・テロ事件や阪神大震災のような著しく劇的で情動に強く作用する出来事やニュースに出会ったときの状況が、フラッシュを光らせて撮影された写真のように細部にわたって鮮明に記憶し保存されていて、想起できること。Brown, R.とKulik, J.は、一連の研究を行い、これをフラッシュバルブ記憶と名づけた。フラッシュバルブ記憶が形成されるには、その出来事が新奇かつ意外性があり、自己の生体維持に大きな影響をもたらすものと判断されるときであるとされる。

＊7　レミニセンス・バンプ（reminiscence bump）
自伝的記憶には時間的偏りがあり、幼児期記憶（〇歳～五歳の記憶）は少ないのに対し、人は、他の生涯にわたる時期に比べ、十代から三十代に生じた出来事の記憶が増加する。レミニセンスは「回想」、バンプは「高まり、盛り上がり」の意味。これに対しレミニセンスあるいはレミニセンス現象とは、記銘直後よりある一定期間経過後の方が明確に思い出されること。

図9. チェスの名人は、初心者よりチェス盤上の駒の場所を、よく覚えることができます。これは、チェス盤を、一個一個の駒の集合としてよりむしろ、組織だった全体として理解する能力に関係があります。

(reminiscence bump) という異なる二つの側面があります。

一九六三年のジョン・F・ケネディの暗殺、ダイアナ妃の死、二〇〇一年のニューヨークのワ[*8]ールドトレードセンターの破壊は、その事件が起こった同時代のものにとって決して忘れられない事件でした。そうした事件に対する記憶は長い間忘れることができません。多くの人は、自分がそのとき、どこに、誰と一緒にいたか、その事件の一部始終についてのニュースを聞いていたかを思い出すことができます。これは、**フラッシュバルブ記憶**と呼ばれてきたものの一例です。このような著しく衝撃的な事態においては、人はハッキリと覚えていることがよくあるようです。この現象は、これまで私たちが進化の中で影響を受けてきた苦難の歴史に深く関与しているかもしれません。『ヘンリー五世』[*9]におけるアジンコートの戦いのくだりでシェイクスピアは「老人は忘れる、しかし、他のことはすべて忘れてもその日に自分が立てた手柄だけは鮮明に思いだすだろう」と表現しています。

これに対し、人が、後世において、全生涯で起こった出来事を思い出すことを求められたとき、**レミニセンス・バンプ**が起こります。この状況では、人は青年期から初期の成人

＊8　ワールドトレードセンター（World Trade Center in New York）
二〇〇一年九月十一日にアメリカで起こった航空機を使った同時多発テロ事件で、「九・一一事件」とも呼ばれている。ニューヨーク、マンハッタンにあるワールドトレードセンタービルに、ハイジャックされた航空機が相ついで突っ込み、この衝撃的な映像がリアルタイムで世界中にメディア報道された。北棟にアメリカン航空11便が、続いて南棟にユナイテッド航空175便が衝突炎上し、救助者を含め多数の死傷者と被害を出した。当時の映像は今なお世界中の多くの人々の記憶に生々しく残っている。

＊9　『ヘンリー五世』（Henry V）
ランカスター朝のイングランド王（在位一四一三—一四二二）の生涯を描いたシェイクスピアの歴史劇。ヘンリー五世は百年戦争を再開し、アジャンクール（アジンコート）の戦いで大勝した。（文献(6)）

期にかけての期間について不釣り合いなほど多くの出来事を思い出す傾向があります。このことは、作家で弁護士のジョン・モーティマー[*10] (John Mortimer) が簡潔に要約し、次のように言っています。「遠い昔私が盲目の父を前にして、ひとりで決闘をし、自分で毒杯をあおり、ハムレットの独演版を演じていたときが……昨日のことのように、はっきりと眼前によみがえる。霧のかなたに失われ、よみがえらなくなった記憶は十年前の出来事である」。このレミニセンス・バンプは、その人の人生の初期に起こった出来事の本人にとっての重要性に依存しているといわれてきました。これらは、情動が深く関与している出来事であることが多く (フラッシュバルブ記憶に相当する事柄です)、こうした出来事には、パートナーとの出会い、結婚、子どもが生まれたこと、その他の意味のある出来事、たとえば、就職、大学の卒業、バックパックでの世界一周などがあります。

フラッシュバルブ記憶とレミニセンス・バンプの領域は、いずれも論争の的になっています。たとえば、フラッシュバルブ記憶に関しては、どの程度、意味記憶が、ダイアナ妃の死亡などの出来事のエピソード記憶の妨害をしているかが問題にされてきました。(実際はエピソードのディテールの大半は推測によるものかもしれないのに、このディテールを盛りだくさんに覚えていると感じているというようなことです——第2章参照〈意味記憶とエピソード記憶が相互作用をする程度に関する概説について〉、第1章参照〈「トップダウン処理」が記憶に影響を及ぼす程度に関して〉）。いずれにしても、どちらも記憶に関する論文では欠かせない重要な話題です。

＊10　モーティマー（Mortimer, John Clifford）（一九二三―二〇〇九）イギリスのミステリー作家、脚本家、弁護士。ロンドン、父は法曹界でバリスター（法廷弁護士）として活躍する家に生まれ、オックスフォード大学を卒業。英国の法曹界では有名な弁護士。一九六六年には王室の勅撰弁護士となる。盲目の父との関係を描いた自伝的脚本 A Voyage Round my Father の他、邦訳に『ランポール弁護に立つ』、『告発者』などがある。原書の本文に引用されているのはジョン・モーティマーが五九歳頃に、自らの半生を描いた自伝的エッセイ“Cling to the Wreckage-Another Part of life”（1982）の冒頭部分で弁護士になる以前に役者になる夢を抱いていたころの青年時代の思い出である。彼はシェイクスピアの劇を家の両親の前で演じたとされている。

体制化と記憶の間違い

薄い墨汁は優れた記憶に勝る[*11]

中国の諺

一九六〇年と一九七〇年に、チェスの棋士がチェス盤上のチェスの駒の位置をどれくらい覚えることができるかをしらべる研究が行われました。この研究では、チェスの名人は、たった5秒見ただけでチェス盤上の九五パーセントを覚えることができることがわかりました。しかし、弱いチェスの棋士の場合はチェスの駒の位置を四〇パーセントだけ正しく特定することができて、九五パーセント正解するには八回やり直すことが必要でした。さらに詳しく検査した結果、チェスの名人は、チェス盤を、一個一個の駒の集合としてよりむしろ、組織だった全体として理解する能力をもつことがわかりました。同様の効果が、トランプのブリッジの熟練者がブリッジの手（持ち札）を思い出す場合や、エレクトロニクスの専門家が電子回路を思い出すようにいわれた場合にも見られます。いずれの場合も、熟練者はその対象を首尾一貫した意味あるパターンに体系づけしているようです。それまでの豊富な経験の裏打ちを利用して、熟練者は非熟練者より有意に記憶パフォーマンスを高めることができるようです。

検索の時点で手がかりによって情報を体制化することが再生に役立つということを、第3章ですでに見てきましたが、こうした熟練者に関する研究によって、**学習**時点での体制化作業にも効果があることも明らかになっています。研究室内では、研究者は、①体制化がなされていない対象の学習と、②学習時点であらかじめ決められた体系をもった対象の再生を比較しました。たとえば、答えを提示する目的で、符号化時点で野菜、家具の種類などのカテゴリーに分類したリストの記憶と、ランダムに並んだ単語のリストの記憶とを比較します。被験者らの遂行成績は、学習の時点でランダムにリストされたものを聞いたときより、符号化の時点で体制化されていたリストを思い出すよう求められたときのほうがはるかに優れていました。このように学習時点の情報の意味体制化は、テスト時の記憶成績の増進を促すことができます。しかし、この後見てゆきますが、学習時点の体制化の

＊11　薄い墨汁は優れた記憶に勝る
記憶力に頼らずメモをとりなさいという中国の諺

タイプが異なると、後のテスト時に記憶の歪曲が起こる可能性があります。

先行知識の効果

スキーマ――既知の内容

第1章で見たように、一九三〇年にバートレットはイギリス人の被験者に北米先住民の民話「幽霊の戦い」を読んで、それからそれを思い出すように求めました。この物語は、イギリス人の文化とはまったく異なる文化に由来しています。被験者らがこの話を思い出そうとするとき、彼らの報告は明らかにもとの話を基盤にしたものですが、情報を挿入し、削除し、変更を加えて、自分にとって道理に合っているると思われるストーリーを創作していました。このことをバートレットは「意味の後付け（effort after meaning）」と呼びました。

バートレットは、私たちにはもともと**スキーマ**[*12]（**schemata**〈**schemas**〉）が備わっているとし、スキーマとは過去の経験を積極的に体制化したものであるとしました。このスキーマは私たちの熟知した状況の理解を助け、これが、私たちの期待の案内役となり、新しい情報を処理する枠組みを提供してくれるのです。たとえば、私たちには、仕事や学校での「典型的な」一日のスキーマや、レストランや映画館へ行く「典型的な」余暇の行事のスキーマがあります。

　人は、前もって獲得された知識のスキーマが利用できない場合に、提示された情報の理解に苦労します。このことはブランスフォードとジョンソン[*13]（Bransford & Johnson）が行

＊12　スキーマ（schemas）
新しい経験を処理するためには、過去の経験・知識を用いる。複数の事柄に対して一般化、抽象化し、経験のなかでの知識を、心的表象のかたまりとして、何らかの枠組みとして構造化している（文献⑴、㊲）。また、スキーマは、外界からの情報のボトムアップ的流れを、解釈するのを助けるためにトップダウン方向に働いている。（文献㉓）

＊13　ブランスフォード（Bransford, John D.）とジョンソン（Johnson, Merica K.）
ブランスフォードとジョンソンの実験に使用された一節：Procedure is actually quite simple. First you arrange things into different groups. Of course, one pile may be sufficient depending on how much there is to do. If you have to go somewhere else due to lack of facilities that is the next step, otherwise you are pretty well set.It is important not to overdo things.That is,it is better to do too few things at once than too many. In the short run this may not seem important but complications can easily arise.A mistake can be expensive as well. At first the whole procedure will seem complicated.Soon,however, it will become just another facet of life. It is difficult to foresee any end to the necessity for this task in the immediate future, but then one never can tell.After the procedure is completed, one arranges the materials into different groups again.Then they can be put into their appropriate places. Eventually they will be used once more and the whole cycle will then have to be repeated.However, that is part of life.（本文では下線部のみ引用されている。）

った研究で例証されています。彼らは被験者にある一節を提示し記憶させました。それは次の文で始まります。

方法はとても簡単です。まず、異なるグループに分類をしてください。もちろん、行わなければならない作業がどれだけあるかによって、ひと山で十分かもしれません。設備がなくてほかにどこかに行く必要がある場合は別ですが、さもなければ、すっかり準備が整っていることになります。物事はやりすぎないことが肝心です。つまり、一度に、あまりたくさんのことを行うより、できるだけ小分けにするほうがよいということです。

この文が読まれた後にこの一節のタイトルが教示されても、この一節を思い出すことは、被験者には難しいことがわかりました。ブランスフォードとジョンソンは、再生が改善したのは、テキストが読まれる**前に**、その一節のタイトル（「衣類の洗濯」）が与えられた場合のみであることを発見しました。あらかじめタイトルを与えることで、その一節はより意味のあるものとなり、再生成績は二倍となります。この結果に与えられた解釈は、次のとおりでした。タイトルを前もって提示することは、①その文は何についていっているかを説明し、②既知のスキーマの手がかりを与え、③被験者が与えられた文を理解するのに役に立ちます。このため、意味のある文脈を提供することは記憶を改善すると考えられます。

理解しないで覚えることはできますが、ただし、それは、再認テスト（第3章参照）を用いて正しいことを検証できる情報を提供するなどの特別な援助が提供された場合に限ってのことです。アルバ（Alba）らは「衣類の洗濯」の一節の**再生**が、先にタイトルがわかっている場合によく改善したが、タイトルの有無にかかわらず、その一節からの文の**再認**は同等であることを例証しました。アルバらは、タイトルの提示は、被験者がその文章を統合して再生に役立つ首尾一貫したひとかたまりとして束ねることを助けるが、これは**その文章の間の結びつけ**にのみ作用していて、文章そのものの符号化には作用していないと結論づけました（どうやらこれが、タイトルの提示がなくても、テキストを対象とした場合の再認成績が保持される理由のようです）。

「衣類の洗濯」の文章に関して行われた研究は、先に獲得している知識が、いかに情報を思い出すのに役立つかを例証しています。バウアーとウインツェンツ（Bower & Winzenz）らは、別の研究を行いました。①ランダム、②十分に体制化された階層、のどちらかで提示された一組の言葉を覚えるよう被験者に求めました。彼らは、意味のある階層で単語を提示した場合の学習時間は、ランダムに同じ単語を提示した場合に要する時間の四分の一に減少することを見出しました。階層に体制化することは、その単語がもつ意味の微妙な差異を明らかに強調し、そのリストの学習を単純化するだけでなく、その後の被験者の再生を組み立てる枠組みを提供してくれるようです。[*14]このため、記憶対象の体制化は、同一の記憶対象に対する①学習と、②再生の**両方**を増進する働きをもっている可能性があります。

知識が、いかに記憶を促進するか？

第3章で示したように、熟達した専門家は、どんな領域であれ、自分の専門技能に関する新しい情報を初心者より簡単に早く学習することができます。このことは、学習が、自分のもっている知識に強く依存しているであろうことを示しています。たとえば、被験者のフットボールに関する知識量と、週末に一回だけ放送番組を聞いて覚えることのできた新しいフットボールスコアの数との間には、非常に強い正の相関関係があることを、モリス（Morris）らは示しました。週末のニュースとして、一組のフットボールスコアは、本当のスコアを、もう一組のスコアは、もっともらしいチームをつくり、前週の試合に似せたスコアをつくって被験者に聞かせるシミュレーション（模擬実験）を行いました。この研究の被験者は、提示されるスコアは本物か模擬的なもののいずれかであると教示されました。本当のスコアのみが、フットボールのことをよく知っている人の知識と関心を活性化すると考えられました。本当のスコアの記憶再生水準は明らかにフットボールの専門知識に関連がありました——つまり、知識豊富なファンほど、スコアをたくさん再生することができました。しかし、模擬スコア（この場合、スコアは見分けがつかないくらいそっくりに作っていますが、本当の結果ではありません）では、専門的知識は、のちの記憶再生には相対的には影響が少ないことがわかりました。この結果から、何が効果的に記憶に残るかの決定には、現在の知識（そしておそらく、興味や、モチベーションも）と記憶

＊14　体制化（organization）

符号化方略の一つ。学習者のスキーマに取り入れやすいように多くの情報を適切にまとめて記銘する方法。新しい情報を長期記憶にするために、その情報を既存の長期記憶の構造のなかに適切に位置づける必要がある。このために、関連情報をまとめ、分類整理統合し体系づけ、秩序ある構造を構成して記憶すること。バートレットらの「記憶の体制化」の研究、タルビング、バウアーらの「意味記憶の研究」につながる。「知覚の体制化」についてはゲシュタルト心理学において多くの研究が行われた。（文献(2)、(31)、(37)）

容量との相互作用があることがわかります。

既存の知識がいかにして誤りを導くか?

私たちの既存の知識は、役に立つ個人財産ですが、誤りを導く可能性もあります。これに関連した研究では、オーウェンズ(Owens)らは、ある特定の登場人物が行う行動をあらわしたストーリー描写を被験者に提示しました。たとえば、そのストーリーの一つは、ナンシーという名の学生についてのものでした。ここにそのストーリーの最初の部分を示します。

ナンシーは医師のところに行きました。彼女は診療所に到着し、受付で手続きをしました。彼女は看護師のところで手順どおりの検査を受けました。ナンシーは体重計に乗り、看護師は体重を計測しました。医師が部屋に入ってきて、その結果を確かめました。医師はナンシーに笑みを浮かべて言いました、「ああ、私の予想が当たった」。検査が終わってナンシーは診療所を出ました。

約半数の被験者は、ナンシーが妊娠を心配しているということを、前もって告げられていました。これらの被験者は、そのストーリーの再生テストをすると、二〜四倍の誤情報を含めて再生しました。たとえば、何人かは、「妊娠テスト」などで行われる「おきまりの手順」を再生しました。このタイプの誤りは再認テストでも再生テストでも生じます。このことは、被験者には、通常の日常活動（医師に受診する、講義を受けに行く、レストランに食事に行く）のおきまりのなりゆきへの期待が大きいという事実を反映しています。――そして、私たちの記憶機能に関して、この期待が、記憶を促進したり、混乱させたりするスキーマを提供しています。「衣類の洗濯」の研究に関して、バウアーらは、後で再生する場合のスキーマの影響について調べました。彼らが被験者に与えたストーリーは、標準的な期待に基づくストーリーでしたが、標準的な水準からかなりへだたった内容も含んでいました。つまり、たとえばレストランで食事をするというストーリーでは、食事開始時に、料金を支払うことに言及するかもしれません。そのストーリーを再生するとき、被験者は自分の再生内容をそのストーリーのスキーマに沿った（つまり、より典型的な）形式で再生し直す傾向がありました。その他に被験者がおかした共通の誤りは、その文脈において普段ならきっと行うだろうと期待される、メニューを見て食べたいものを決めるなどの行動を含めることがありますが、これはもとのストーリーでは述べられていなかったことです。

一般に、これらの結果や類似の研究結果では、人々は自分のもつスキーマに合致することは思い出しますが、合致しないことはフィルターにかけて取り除く傾向があることがわかっています。

本当の記憶と想像上の記憶

第1章で述べたように、私たちは自分の心の中にある出来事や情報を、ビデオテープのように「プレイバック」していると信じていますが、実際は、私たちは、いかにして整理し組み立てるべきかという一般的な（意味的）知識と、自分が覚えている断片や破片から、記憶を組み立て直しているのです。

この記憶の方略（strategy）は、順応的で、すでに覚えていることに類似した種類の新しいことを覚える手間を最小限にします。しかし、実際に起こったことと、想像や連想されたこととの間の区別を、不鮮明にさせることがあります。

現実検討

現実検討[*15]の問題——つまり、どの記憶が本当の出来事に由来するのか、そして、どれが夢や想像上のものなのかを見分けること——はマルシア・ジョンソン（Marcia Johnson）らによって、何年にもわたって系統的に研究されてきました。ジョンソンは、記憶の間の質的な相違が、**外的記憶（external memories）**と**内的に生成されたもの（internally generated）**とをはっきりと識別するために重要であると主張しました。彼女は、外部記憶は①強い感覚特性をもっている、②より詳細で複雑である、③時間と場所に関して首尾一貫した文脈に位置づけられる、という三つの性質をもつとしました。これと対比して、内的に生成した記憶には、それを生成する推論や想像のプロセスの痕跡が体現されているとも

＊15　現実検討（リアリティー・モニタリング、reality monitoring）
事実と空想とを区別する能力。実際に行った行動の記憶と、その行動を行おうという意図やプランの記憶を区別する能力。健常成人では事実と想像を区別することができるが、妄想をきたす精神病や「物盗られ妄想」が出てくるような認知症などでは現実検討能力が十分でなく、現実に起こっていることと、想像上のこととの区別がつきにくくなる。病気によらず、記憶は外的な感覚情報と内的に発生してきた知識から構成されてできあがってくるもので、本来、内的記憶と外的記憶には明確な区別がない。（概念駆動型処理＝トップダウン処理⇔データ駆動型処理＝ボトムアップ処理　参照）

主張しました。

ジョンソンはこの違いの証拠となるものを見出しましたが、定義基準として提案された区別を当てはめた場合もなお、私たちは、本当の出来事の記憶でないものを、本当の記憶として受け入れてしまう可能性がありました。たとえば、一九九〇年代に行われたある研究では、ビデオテープを見て詳しく再生し、①被験者自身の確信度と、②明確な心象(mental imagery)とその細部の有無、この①②の両方を報告することを被験者は求められました。[*16] ビデオテープで提示されたものの正確な報告とともに、はっきりとしたイメージとその細部まで、思い出される場合が多いことがわかりました。しかし、理解しやすいイメージではかえって過信してしまうために、連想イメージを伴わない事実としての正確な細部よりむしろ、心象が混じった誤った細部のほうが、大きな確信をもって報告されました。この結果から、「本当の(real)」記憶と「想像上の(imagined)」記憶を区別するための信頼のおける完璧な方法はないと考えられます。

現実検討の概念と関連して、**情報源モニタリング(source monitoring)**——記憶の情報源を正しく特定すること——があります(たとえば、ある情報を①ラジオで聞いたのではなく、②友人から聞いたと明言することができる)。この後で見てもらうように、記憶の情報源にまつわる誤りは、社会的重大性を伴うことがあります。――たとえば、目撃証言のときなどです（Mitchell & Johnson 2000）。

目撃証言

普段の単調な日常生活環境でのことを考えてみても、それらは記憶にほとんど残っていません。たとえば、第１章で、ポケットの中の硬貨に描かれた人物の顔が左右どちらを向いているかといったことのような、簡単なことを正しく覚えていることは容易なことではないことを学びました。一般には、ほとんど毎日のようにその硬貨を使用していても、この質問に答えることは難しいのです。しかし、（犯罪のような）**非日常的な**出来事を見た場合は、硬貨のありふれた外見を覚えようとする場合より、その出来事を効果的に覚えていることが、はるかに容易だという人もいます。結局、私たちの日常生活では、硬貨をその用途にそって効果的に使用するのに、硬貨に描かれた人物がどちらを向いているかを知る必要はないのです。

＊16　心象（心的イメージ、mental imagery）
記憶や想像によって意識的に現れるイメージ

しかし、犯罪の場面では、多くのファクターが目撃に対して働いており、その人の記憶を曖昧にし、ゆがめる可能性があります。

・人は**極度のストレス**を体験したとき、（前にも見たように）覚醒水準が上がることにより、記憶を促進する可能性がありますが、（たとえば、危険な凶器に注意が向かうために）注意の範囲が狭まり、知覚にはしばしばバイアスがかかります。
・これに関連して、（自己保全が何よりも優先される）**暴力的事態**（**violent situation**）では記憶は乏しくなる傾向があります（たとえば、加害者の姿や身元についての情報の処理よりも、むしろ逃げ場や、自己防御に使える道具を見つけることに認知の処理資源を配分することになるでしょう）。
・上記に関係して、犯罪の場に**凶器**があると、犯罪の加害者から、注意をそらします。
・情報を**再生**するより、顔を**再認**するほうがはるかに容易ですが、衣服は再認において、特に強力なバイアスとなる情報源です。たまたま、その犯人に似た衣服を着ている人が間違って再認される可能性があります。
・自分と**異なる人種や民族**の個々の顔を再認することは——その人種の人たちと相当交

流がある場合でも――うまくいきません（さらに、この現象は、その人種に対する先入観〈偏見〉の程度とは関係がないようです）。

もう一つ記憶の歪曲に強く影響を及ぼすのは、誘導尋問（質問の答えを誘導すること）の使用です。「その女性を**レイプしたその男**を、あなたは見ましたか」というのは誘導尋問の例です。「その女性を**男がレイプした**のを、あなたは見ましたか」という質問のほうが、申し立てられた犯罪に関してはるかに優れた確証が得られます。ここで、あなたが交差点での事故を目撃したとしましょう、そして、そのあと、あなたは車が木の前で止まったか後ろで止まったかを尋ねられます。その質問をされると、あなたは、最初は木を思い浮かべていなかった場合でも、その後に、そのシーンの自分の記憶に、木を「挿入（insert）」してしまいがちです。いったん木を挿入してしまうと、それがもともとの記憶であるかのように機能する傾向があります。だから、本当の記憶と、あとから持ち込まれたものとを区別することが困難となります。

記憶のバイアスで、特に顕著な例は、ドナルド・トンプソン[*17]（Donald Thompson）が経験したものです。（皮肉にも）彼は、目撃証拠は信頼がおけないことを大変積極的に主張していました。あるとき、トンプソンは目撃証言のまさにそのテーマのテレビ討論に参加しました。しばらくして、逮捕理由の説明なく警察に逮捕されました。ある女性が、警察署で、容疑者の顔ぶれのなかから彼を指差すまで、自分がレイプの罪で告発されているということはまったく思いもよらなかったのです。彼がさらに詳しく尋ねると、そのレイプは、彼がテレビ討論に参加している同じときに行われていました。したがって、当然、非常に多くの目撃証人がいて、十二分のアリバイがありました。この目撃証人には同じ討論に参加した警察官も含まれていたのです！　同時に、その女性は、レイプの犯行があった部屋で、このテレビ番組が放映されていたそのときにレイプされていたと推測されました。これは情報源モニタリングに関する問題であり、「情報源健忘（source amnesia）」[*18]とも呼ばれています。ダン・シャクター[*19]（Dan Schacter）が著書『Seven Sins of Memory』（なぜ「あれ」が思い出せなくなるのか、日本経済新聞社、二〇〇二）の中で、**誤帰属（misattribution）**と呼んだものです（256ページの文献案内を参照）。そのレイプ犯に対するその女性の記憶は、同時に見ていたテレビの（ドナルド・トンプソンの）顔が混ざり合って作用していました（テレビ番組の討論のテーマもまた関連がありました）。その女性はトンプソンの顔を再認しましたが、その再認の情報源は特定できませんでした。

関連するトピックスとして、二人の人の、もとの場所が入れ替わったことを、人は認識できないことが他の研究で報告されています。これは「変化盲[*20]（change blindness）」と呼ばれる現象であり、この現象は、今置かれている環境の中で変化が起こったかどうか明確に判断しにくいことをいいます。目撃証言で生じうる問題も合わせて考えると、「変化盲」は、周囲の環境において不正確な情報処理をしているという点で、私たちは、いかにすきだらけでありうるかを表しています。

＊17　トンプソン（Thompson, Donald）
オーストラリアの心理学者。

＊18　情報源健忘（出典健忘、source amnesia）
記憶の内容ではなく、自分の記憶をどこで得たのか、その情報源を思い出せないこと。

＊19　シャクター（Schacter, Daniel L.）
心理学者。ハーバード大学心理学部教授。タルビングの指導でＰｈＤの学位論文を取得した。人間の記憶や健忘の心理生物学的側面に関する研究、特に意識的記憶と無意識的記憶の相違や、さらに最近では記憶障害の脳メカニズムについて重点を置いた研究を、認知テストとＰＥＴ、ｆ-ＭＲＩなどを用いて行ってきた。

＊20　変化盲（change blindness）
現象の変化を見落とすこと。

誤情報効果

新しい情報が混入することによる記憶の歪曲は、目撃証言の信憑性と記憶の本質の理論的な根拠の両方に関心のある研究者にとって重要な研究トピックでした。私たちは記憶が誤りやすいことを知っているにもかかわらず、一般に、法律上の専門家、警察官や報道は、目撃証言に大きなウエイトを置いています。しかし、前の段落で見てきたように、記憶の作動様式について、慎重に実施された科学実験からわかっている文脈においては、まったく非現実的な情報を、被験者は新たに生成すると考えられます。犯罪に関する「目撃者」の報告は、その人の情動的効果と個人的考え方にも影響を受けているかもしれません。たとえば、その犯罪の加害者と被害者のどちらに同情的であるかなどです。

エリザベス・ロフタス[*21] (Elizabeth Loftus) らは、**誤情報効果** **(misinformation effect)** について綿密な調査を行いました。ロフタスらは、誤解させる質問や情報が介在した後の記憶のゆがみについて何度も検証しました。この問題は、誤解させる情報が間接的に介入したときに発生します。たとえば、ロフタスらは、路上交通事故のストーリーと一緒に一連のスライドを被験者に見せました。その後で、被験者はその出来事について質問されま

図10. 自動車事故のような出来事に対する私たちの記憶は私たちが尋ねられた質問の種類に影響される可能性があります。そうした情報が私たちの記憶に挿入されます。この現象（誤情報効果とよばれている）は目撃証言に深く影響します。

す。質問の一つは、被験者の半分に対しては、「道をゆずれ」の標識の代わりに、「止まれ」の標識というように、少し違っていました。誤解させる情報を含む質問をされた被験者は、その後の再認記憶テストで、その誤った情報を確信する傾向がありました。その被験者は、実際に見たものより、誤解させる質問において言及された道路標識のほうを選ぶ傾向がありました。その結果は、揺るぎないもので、再生ができるだけ正確であるべき犯罪や事故の目撃者に対してどのように質問すべきかについて重要な示唆となるものでした。しかし、誤情報効果の根拠については議論が続いています。ロフタスに異議を唱える者は、被験者のもともっている記憶がその質問によって永続的にゆがめられる可能性はあるが、その質問が、被験者の思い出せない記憶の空白の部分に、記憶情報の埋めあわせをしているにすぎないこともありうると主張しています。この問題はさらに、この章の後半で議論します。

しかしながら、いずれにしても、こうした研究の中心となるメッセージは、繰り返しますが、記憶は受動的なプロセスとして考えるべきではない、ということです。第1章で見たように、「心的構え」[*22]（私たちの先入観、型にはまった考え、信念、心構え、意見）により影響される「トップダウン」[*23]システムであり、感覚入力により影響される「ボトムアップ」[*24]システムでもあります。言い換えると、記憶は、物理的環境に由来する感覚情報によってのみ機能していて、人は受動的に情報を受け取りただ貯めこんでいる、というわけではありません。むしろ、私たちは、過去の知識や将来の予測によって影響を受けながら、知覚された情報の上に意味を重ね合わせて、私たちの一般的な世界観に合致するように記憶にバイアスをかけています。

誤った記憶

誤情報効果に関連して、より重大な結果をもたらすかもしれないことは、誤った記憶がよみがえることです。成人の治療中、有罪判決をみちびくような小児期における虐待の記憶が「よみがえる」場合があります。しかし、その状況で、人々は、子どものころに起こった本当の出来事の記憶を、「よみがえらせて」いるのでしょうか、それとも、実際に起こらなかったことを思い出すように誘導されているのでしょうか？　ある環境下では、誤った記憶がつくり出される可能性があるという重要な研究が示されてきました。場合によ

＊21　ロフタス（Loftus, Elizabeth）（一九四四―）ワシントン大学教授。意味記憶からの情報検索の研究、目撃者証言の信憑性に関する記憶研究。事後情報効果（post event information effect、ある出来事を経験したあとに、その出来事の情報を与えられると、目撃者はもとあった出来事の記憶でなく、あとから与えられた出来事、あるいはもとのものと混合した情報の内容を報告する〈本文参照〉）の研究。人間の記憶は、現実世界から得た情報を再構成した結果として生み出される心的機能ととらえている。

＊22　構え（set）、心的構え（mental set）
外部の刺激や情報に対して、特定の反応を生み出すような心的準備状態のこと。

＊23　トップダウン・システム（top-down system）
高次から、低次の段階への情報の流れ、記憶を制御する過程としてのシステム。概念駆動型の処理システム。

＊24　ボトムアップ・システム（bottom-up system）
低次から高次の段階への情報の流れ、記憶を分析する過程としてのシステム。

っては、それは好都合なこともあります――たとえば、ロジャーとマクデルモット（Roediger & McDermott）らは一九九〇年代以来、広範囲にわたる研究を行い、人は、前に提示された一連の項目に、意味のうえで関連した項目を「思い出す」ことが促進される可能性があることを示しました（たとえば、「夜」と意味のうえで関係のある一連の単語、たとえば「暗い」「黒」「静か」「日」を前に提示されたとき、「夜」ということばが提示されたかのように記憶に残るかもしれません）。

やっかいなことは、本人が過去に本当に起こったと確信していても、実は誤っている「出来事」の記憶を――暗示や誤解させる情報を用いて――作り出すことが可能なことです。このため、人が「記憶」している虐待のような出来事は、実は誤った記憶であるということは少なくともありうることなのです。

エリザベス・ロフタスは研究室での実験において、誤解を誘導する質問に対して、バイアスなく表現された質問に答えた場合と同じくらい、被験者は、素早く、自信をもって応答できることを発見しました。そうした状況においては、たとえ被験者が、実際とは異なる新しい情報が挿入されていると気づいていても、それが、その出来事に関する事実としての「記憶」の一部となる可能性があります。――（事実でないと意識的に認識していたとしても）記憶のバイアスは、その時点で挿入されてしまうのです。ある実験において、ロフタスとパルマー（Loftus & Palmer）は何人かの学生に、それぞれ交通事故の場面が映っている一連の映像を見せました。その後、彼らはその出来事についての質問に答えさせられました。質問の一つは、「車が互いに――――ときに、車はどれだけ速く走っていたか?」というものでした。空欄には、グループごとに異なることばが示されました。「激突・大破した（smashed）」「衝突した（collided）」「当たった（bumped）」「ぶつかった（hit）」「へこんだ（contracted）」のいずれかでした。この実験から研究者らが発見したことは、車のスピードに関する学生の推測は、この質問の動詞が何であるかにより影響されたということです。ロフタスとパルマーは、学生の事故についての記憶は、その質問により与えられた意味情報によって変化すると結論しました。

ロフタスとパルマーは学生に複数の自動車事故の映像を見せる実験を行い、この問題をさらに深く研究しました。ここでも、学生は、あるグループでは「激突・大破した（smashed）」（より大きい衝突スピードを意味する）という言葉を用い、別のグループでは「ぶつかった（hit）」という言葉を用いて、それらの車のスピードについて質問されました。三番目のグループはこの質問が行われませんでした。一週間後、学生たちは、さらなる質問に答えるようにいわれました。その一つは事故のシーンで「ガラスが割れたのを見ましたか?」というものでした。

スピードの質問で用いられた動詞が、スピードの推測に影響するばかりではなく、一週間後に出されたガラスの破損の質問に対する解答にも影響していたことを、ロフタスとパルマーは、発見しました。つまり、より速いスピードを推測する学生たちは、事故のシーンで壊れたガラスを見たことを覚えていると答える傾向が強かったのです。実際の映像ではガラスは割れていませんでした。前もって、スピードの質問をされなかったグループの学生は、一週間後にその質問をされても、壊れたガラスを見たことを覚えていることは少なかったのです。

別の研究で、ロフタスは再び、被験者に交通事故の映像を見せました。今度は、被験者の何人かに次のように質問しました。「その田舎道を通ってその納屋を通りすぎたとき白いスポーツカーはどのぐらいのスピードを出していましたか?」。実際は、映像には、納屋は出てきません。この質問を受けた被験者らは、一週間後に、映像に納屋があるのを覚えているという傾向が強く、たとえ参加者が、映像を見たあとすぐに、「納屋を見ましたか?」とだけ質問されても、一週間後それがあったのを覚えているという場合のほうが多かったのです。

ロフタスは、この結果から、誤解させる情報をあとから挿入することによって、出来事の記憶の陳述が変化しうると結論しました。しかし——一般に、子供が「知らない」と答えるより、自分に期待されている答えを言いたいと思うように——この研究の被験者は、自分に要求されることに単に従っているだけなのだと主張する研究者もいました。

ロフタスらは、再び、被験者らに交通事故場面を見せましたが、今度は一連のスライドでした。その事故は、赤いダットサンが交差点をまがって、歩行者をはねた場面を示したものでしたが、一つのグループの被験者は①車は最初「止まれ」の標識で止まったもの、他のグループは、②「道をゆずれ」の標識で止まったものでした。今回の重要な質問は、「赤いダットサンが一旦停止の標識で止まっているときに、別の車が通過しましたか？」あるいは「赤いダットサンが道をゆずれの標識で止まっているときに、別の車が通過しましたか？」というものでした。それぞれのグループの被験者の半分に対して、「一時停止」ということばが用いられ、もう半分に対して「道をゆずれ」ということばが用いられました。つまり、各グループの半分は事故で目撃したものに一致した情報を受け取っており、もう半分は誤った情報を受け取ったことになります。

二〇分後、すべての被験者は、スライドのペアを見せられましたが、それぞれのペアのうちの一つは実際に見たもの、もう一つは少し違ったものでした。被験者は、各ペアのうち正しいスライドを選ばなければなりませんでした。そのペアの一つは、「止まれ」の標識で車が停止したスライドと、「道をゆずれ」の標識で止まっているスライドでした。はじめに、もとのスライドで自分が見たものと一致した質問をされた被験者らは、二〇分後、正しいスライドを選ぶように言われたとき、正しいスライドを選択する傾向が大きいことを、ロフタスらは見出しました。これとは反対に、はじめに誤解させる質問をされた被験者は、二〇分後に、正しいスライドを選ぶように言われたとき、間違ったスライドを選ぶ傾向が強かったのです。評価するのは難しいことですが、この結果は、――ロフタスに反対する研究者が先に示唆したように――被験者は、そうあるべしと期待されることに単に従うというよりむしろ、その出来事のあと、「止まれ」または「道をゆずれ」の標識に関して挿入された情報に従って、実際に**思い出した**ということを示唆しています（なぜなら、いずれの被験者も、今度は、検査時点で、二つの、等しくもっともらしい反応から選択したからです）。

この結果は、警察官や弁護士、裁判官や司法で働く職員が行っている情報収集のための聞き取り方法にとって重要な意味をもっています。逆に、（当然ながら）ある状況下では、関連情報があとで不適切に挿入**されない**ように、記憶機能が働く可能性があるということを、いくつかのその他の研究結果が示唆しています。この相補的な一連の研究結果では、はじめの誤情報を訂正する情報を思い出すかもしれませんが、それでもなお（リワンドウスキイ〈Lewandowsky〉らの実験に見られるように）、人は正しくない情報を信じ続けるかもしれません。現実社会でのこの現象の例を、次に見てみましょう。二〇〇三年のイラク侵攻[*25]の約一年後、アメリカの調査で、三〇パーセントの回答者が、大量破壊兵器がイラクで見つかっていたということをいまだに信じていました。ジョージ・ブッシュ[*26]大統領が（二〇〇三年五月に）対イラク戦争終結を宣言後、数カ月の時点で、アメリカ人の二〇パーセントが、イラクが化学・生物兵器を紛争中の戦場で用いていたと信じていました。このように、ある状況においては、正しくない情報を記憶の中で保持していることが

＊25　イラク戦争（Iraq War）
二〇〇三年、イラクに大量破壊兵器が製造されているとの理由で、イラク首都バグダッドへのアメリカ軍の空爆が始まった戦争であったが、フセイン政権は崩壊し、大量兵器は発見されなかった。

＊26　ブッシュ（Bush, George）
第四十三代アメリカ大統領（在任期間二〇〇一―）。九・一一事件発生時に在任、またその後、イラク戦争を開戦、終結した大統領である。

あるようです。これは社会的に重大な結果を招く可能性のある現象です。①（ロフタスらが発見した）誤った想像上の記憶バイアス、あるいは、②（リワンドウスキイらが発見した）もとの出来事の後に混入した関連情報を不適切に記憶に組み込むミスを招きやすい環境条件の特徴をさらにくわしくしらべることは、これからの研究に向けての重要な努力目標となります。

ダン・シャクターの「七つのあやまち」

ダン・シャクターは、記憶の機能不全は、七つの基本的な違反、つまり「あやまち（sins）」に分けられるとした。

不注意（注意の散漫、absent-mindedness）（うわのそら、こころここにあらず）

注意と記憶の間の接点が断絶している――この場合、時間とともに情報が失われるというよりむしろ、他のところに注意がそれていたために、はじめに情報を登録（記銘）しなかったか、あるいは、必要な時に情報を検索しない。

一時的であること（transience）

時間とともに薄れてゆき、失われる——今日やったことを記憶することができるが、二、三カ月のうちに、記憶の衰退のために、たいていの場合、そのことを忘れてしまっているだろう。

妨害（blocking）

必死に検索しようとする情報の探索が妨害されること——「舌の先現象」はこれがうまく機能しない現象の一例である。

誤帰属（誤記憶のまぎれこみ、misattribution）

記憶情報の情報源を間違うこと——テレビで何かについて聞いたが、その後間違って、仕事仲間から聞いた情報として記憶するかもしれない。

被暗示性（suggestibility）

誘導尋問、批評（うわさ）、暗示の結果として、植えつけられた記憶――誤帰属（misattribution）とともに、法廷の文脈の中では、重大な問題を引き起こしうる。

バイアス（bias）

過去をどのように覚えているかという現在の知識や信念の強力な影響――過去の出来事や学習した対象を、現在の見方に照らし、他人に自分自身をポジティブに見せるために、無意識に歪曲する。

持続（執拗さ、persistence）

こころから払いのけたい不安を掻き立てる情報や出来事を反復する回想――これは、厄介な仕事上の失敗から、（外傷後ストレス障害のような）深刻な外傷体験まで多様である。

第5章　記憶障害

この章では、病的な物忘れ（memory loss）、つまり「健忘症（amnesia）」——脳損傷のために記憶が効果的に働かない場合——について考えます。前の章で述べたように、記憶の異なる下位成分に関して、ここでは、いわゆる古典的な健忘症候群における記憶の障害について扱います。長期記憶機能にあたるメタファー（隠喩）としては、「印刷機」（新しい長期記憶を創造する）と「図書館」（古い「分類整理された」長期記憶）とを区別するというものがあります。脳損傷のために記憶障害のある患者の研究を通じて、記憶の正常機能については多くのことがわかってきており、この章では、こうした重要な研究結果の概説を行います。また、その他の臨床症状や精神症状が記憶に影響を及ぼすのかについても考えます。

記憶と脳

本書ではこれまで、主として、記憶の機能的な成分と過程、つまり、記憶の「ソフトウェア」の観点から、記憶について考えてきました。しかし、記憶については、また別のレベル、つまり、記憶をつかさどる中枢神経系の「ハードウェア」の観点から、考えることも可能です。記憶は、私たちの脳の奥深くにある**海馬**[*1]と呼ばれる脳部位に貯蔵されますが、この海馬は記憶の「印刷機」として機能しています。大事な記憶は、海馬により印刷され、(「本」として)**大脳皮質**[*2]に際限なく書き込まれます。大脳皮質は、大脳の外側にある層であり、これは、何十億というブドウのつるのような神経細胞の林が、情報を保持するために、電気的、化学的インパルスを介して共鳴しあっています。大脳皮質は海馬で「印刷した」重要な長期記憶(本)を、無制限に貯蔵する「図書館」とみなすことができます(海馬が、時間が経ってからの記憶の検索にどのくらい関与し続けるかは――少なく

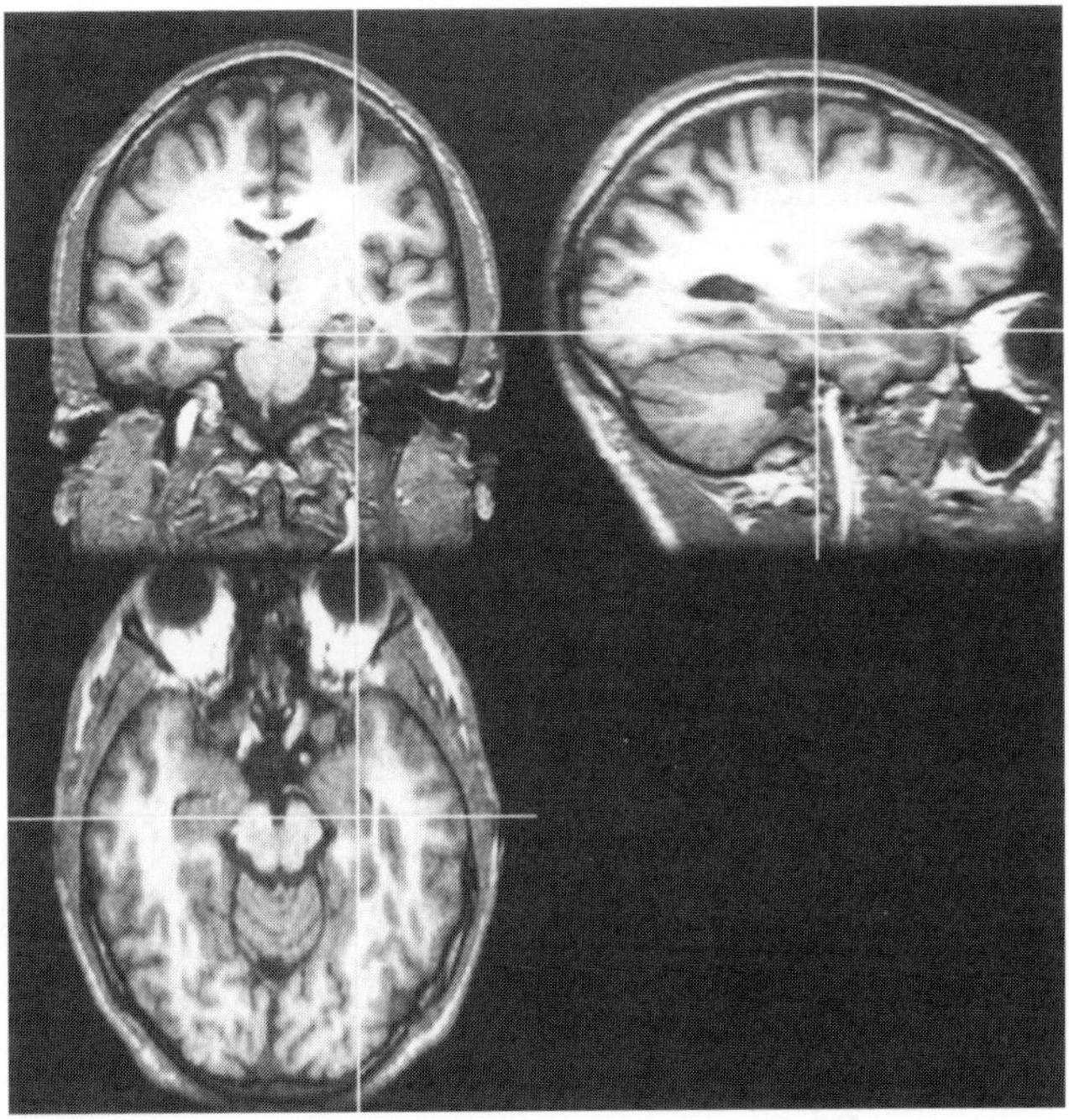

図11. 記憶において脳の重要な機能の一つは、上図の脳画像の十字の交わる部分で示された海馬です。

とも今これを書いている時点では――なお異論はあるところです)。

多くの記憶の研究では、人が、先行体験の結果として、何を行い、話し、感じ、想像するかに焦点があてられてきました。しかし、過去の出来事が私たちの脳の活動にいかに反映されているかを、特に、記憶に不利な影響を与える可能性のある臨床上の病気がある場合について考えることも

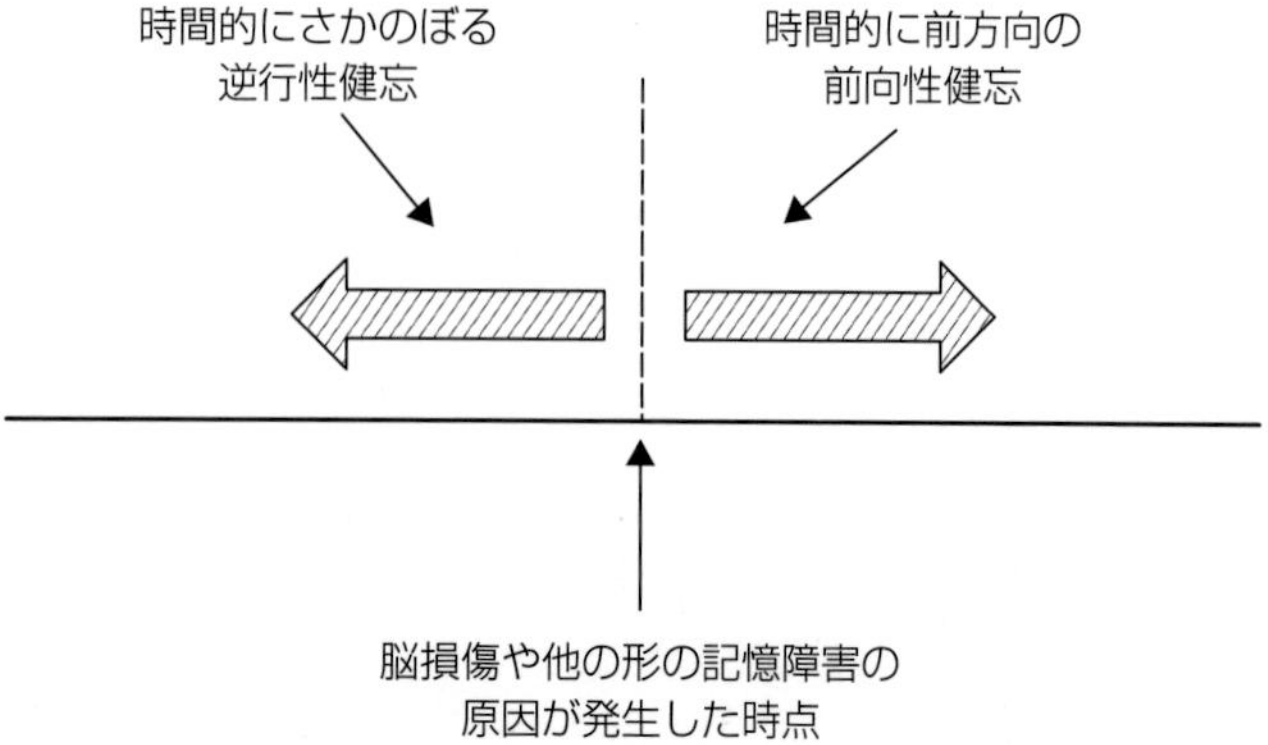

図12. 前向性健忘は、脳損傷の時点以降に起こった出来事や情報が思い出せないという記憶障害のタイプで、これとは反対に**逆行性健忘**は、脳損傷の時点以前の情報や出来事が思い出せない記憶障害である。

重要です。さて、これから、記憶の基礎をなしている脳内の「ハードウェア」が壊れると、何が起こるかを考えてゆきます。

脳損傷後の記憶の喪失——「健忘症候群」

健忘症候群は、（**海馬**や**間脳**[*3]と呼ばれる脳部位に関連した）ある種の特別な脳損傷に伴って生じる、記憶障害の非常に純粋な例です。健忘症候群では、患者は、重篤な**前向性健忘**[*4]（**anterograde amnesia**）と、ある程度の**逆行性健忘**[*5]（**retrograde amnesia**）を示します。前向性健忘とは、記憶喪失を引き起こした脳損傷の受傷時点より後に生じた情報に対する記憶の喪失のことをいいます（図12参照）。

ここで、非常に特殊できわめてまれな脳損傷後健忘症とされた有名な健忘症患者NAの報告を示します。

私は机に座って仕事をしていました……ルームメイトが入ってきました。そして私

＊1　海馬（hippocampus）
大脳皮質のなかで、発生学的に古い部分。下等動物にもこれに相当する部分が存在する。側頭葉内側部、側脳室内側に位置し、記憶に深く関連しており陳述記憶の個定に重要な役割があると考えられている。アルツハイマー病では、CT、MRIなどの画像診断で初期から海馬萎縮がみられる、また、ストレス性記憶障害が起こるとされる外傷性ストレス障害などで患者の海馬の変性萎縮が報告されている。

＊2　大脳皮質（cerebral cortex）
大脳半球表面の灰白質。これに対し白質を大脳髄質という。大脳皮質は脳神経細胞体が層構造をなして配列しており、脳神経細胞が集中し、感覚・知覚、随意運動、学習、言語、認識などにかかわる脳の重要な機能を担うシステムがある。

＊3　間脳（diencephalon）
大脳半球と中脳の間にある。視床、視床上部、視床後部、視床下部、下垂体からなる（主に視床下部、視床）。第三脳室を囲む。感覚の大脳皮質への中継、大脳皮質との協働による連合作用、大脳皮質の活性水準の統制、各内分泌系の調節、体温調節、摂食・摂水の調節、自律神経系の調節などに関連している。（文献㉘）

＊4　前向性健忘（anterograde amnesia）
脳損傷を受けた後に起こったことが思い出せないこと。

＊5　逆行性健忘（retrograde amnesia）
健忘の原因となった脳の障害以前のことが思い出せないこと。

のフェンシングのフルーレ[*6]を、壁から手にとって、私の後ろで、シラノ・ド・ベルジュラック[*7]の格好をしているのだと思いました……私の後ろで、てっきり、タップを踏んでいるのだと感じました……私は振り返りました……彼が、フェンシングの突きの動作をすると同時に。それが、左の鼻の穴にまっすぐに入って、私の脳の篩板[*8]の領域(cribriform area)に達してこれを突き刺しました。

次の文は、アメリカのマサチューセッツ工科大学(MIT)の一室においてNAに紹介された心理学者ウェイン・ウィッケルグレン(Wayne Wickelgren)と、患者NAが行った興味深く意味深い会話からの引用です。NAはウィッケルグレンの名前を聞いて、次のように言いました。


「ウィッケルグレン、この名前はドイツ人の名前ですか?」

ウィッケルグレンは「いいえ」と答えました。

「アイルランド人ですか?」

「いいえ」

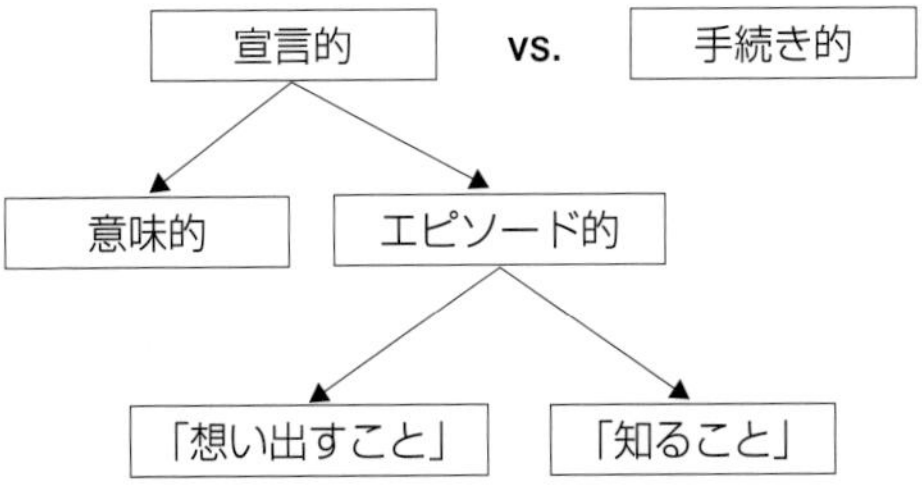

図13. Squire は宣言記憶（顕在記憶）と　手続き記憶（潜在記憶）の区別を明示するモデルを提唱しました。健忘症候群では，宣言記憶のみに障害があります。

「スカンジナビア人ですか？」

「そう、スカンジナビア人の名前です。」


NAとウィッケルグレンの間で、さらに五分間会話が続き、ウィッケルグレンは部屋から出て行きました。五分後、ウィッケルグレンは部屋にもどりました。NAは、明らかに、これまでまったく会ったことのないかのようにウィッケルグレンを見つめました。このため、二人は、また自己紹介から始めました。それからの会話が続きます。


「ウィッケルグレンさん、あなたのその名前はドイツ人の名前ですか？」

ウィッケルグレンは「いいえ」と答えました。

「アイルランド人ですか？」

「いいえ」

「スカンジナビア人ですか?」
「そう、スカンジナビア人の名前です。」

この報告から、特筆すべきことは、NAの場合、言語の知識を保持しているため、必ずしもすべての種類の記憶が完全に壊れているわけではないということです。たとえば、NAは何を言われたかを理解し、筋道の通った会話をすることができました。この点に関して、彼の意味記憶は少なくとも部分的に保持されています(第2章参照)。さらに、NAのワーキングメモリーの能力は十分であるため、会話の中で言われたことをたどることができます。NAに欠けていると思われることは、**新しい情報を、必要な一定の時間を越えて保持し続ける能力**です。言い換えると、彼は、新しい情報を長期記憶にしまう能力を欠いています。これは、健忘症候群の中心的特徴です。

さらに、一般的には、健忘症候群の人では、知能、言語、[*9]直接記憶スパンが保たれています。しかし、長期記憶が著しく障害されています。健忘症候群では**エピソード**記憶(ここではエピソード記憶はあなたが体験した人生の出来事に対する記憶をいいます。第2章参照)の選択的な欠陥があると主張している理論家もおり、この障害の特質は、少なからず論争の的となっています。これに対し、（第2章で述べましたが、意識にのぼり、意識的に表現できる事実や出来事や考えに対する記憶に関係していて、顕在記憶の概念に大きく重なりあう）**宣言（declarative）**記憶を含む古典的な健忘における広範囲の欠陥であると主張する研究者もいます。また、健忘症候群は、手続き記憶あるいは潜在記憶（車の運転の仕方を覚えるなど）にはほとんど影響がなく、新しい手続き記憶でさえ効果的に形成することも可能です（すなわち、新しい技能や習慣を効果的に獲得することができます。[*10]ジャグリングや一輪車に乗るなどの曲芸もできます）。

＊6　フルーレ
フェンシング用の剣の一種。サーブル、フルーレ、エペの3種類があり、それぞれ競技の種目ともなっている。

＊7　シラノ・ド・ベルジュラック
フランスの剣豪、作家、哲学者。エドモン・ロスタンの戯曲「シラノ・ド・ベルジュラック」で知られ、この作中では大きな鼻に悩みながら、ある女性を慕い続ける正義感の強い騎士道精神をもった人物に描かれている。

＊8　篩板の領域（cribriform area）
前頭蓋窩正中部にある篩骨の一部。篩のように小孔が多数みられ嗅神経が通っている。これは前脳基底部に接する部位であるが、この部位の後方奥には海馬や間脳がある。これらは、健忘症候群の責任病巣とされる。

＊9　直接記憶スパン（immediate memory span）
数字、文字列を聞いた直後に再生する記憶範囲検査で測定される概念を指す。広義には一次記憶と同義に用いられる場合もある。（文献㉘、㉛）

古典的健忘症候群は、典型的には、海馬や、これと密接な線維連絡のある間脳内の視床といった脳領域の損傷があります。したがって、海馬や視床の損傷は、新しい意識的な記憶が形成されることを妨げると考えられます。さらに、健忘症を有する患者は新しい技能を学習するとき、自覚なくこれを成し遂げるようです。HMは、海馬を手術で切除しており、何日もかけて試みた結果に、ミラー・ドローイング[*11]という複雑なパズルを解くことができました（図14参照）。しかし、その課題を与えられるたびに、毎回、彼はこのパズルは見たことがないと言いました。

脳損傷後に、記憶の異なる側面がどのようにして**断片化（fractionate）**あるいは**解離（dissociate）**するかを考える際に、これはきわめて重要な意味を持っており、しかも、記憶障害の人のリハビリテーションに有効な方法を考える際にも有用であるかもしれません。また、それは健康な、つまり障害をもたない脳において記憶が組織化される成り立ちについての重要な情報を私たちに教えてくれます。特に、脳のような複雑なシステムでは、①適切な機能が停止するときにこそ、②万事がスムーズに機能しているときより、その機能的な関係について私たちはより多くを学ぶことができるということを（ケネス・クレイク〈Kenneth Craik〉は）示しました。さらに第2章で見たように、これまでに提案さ

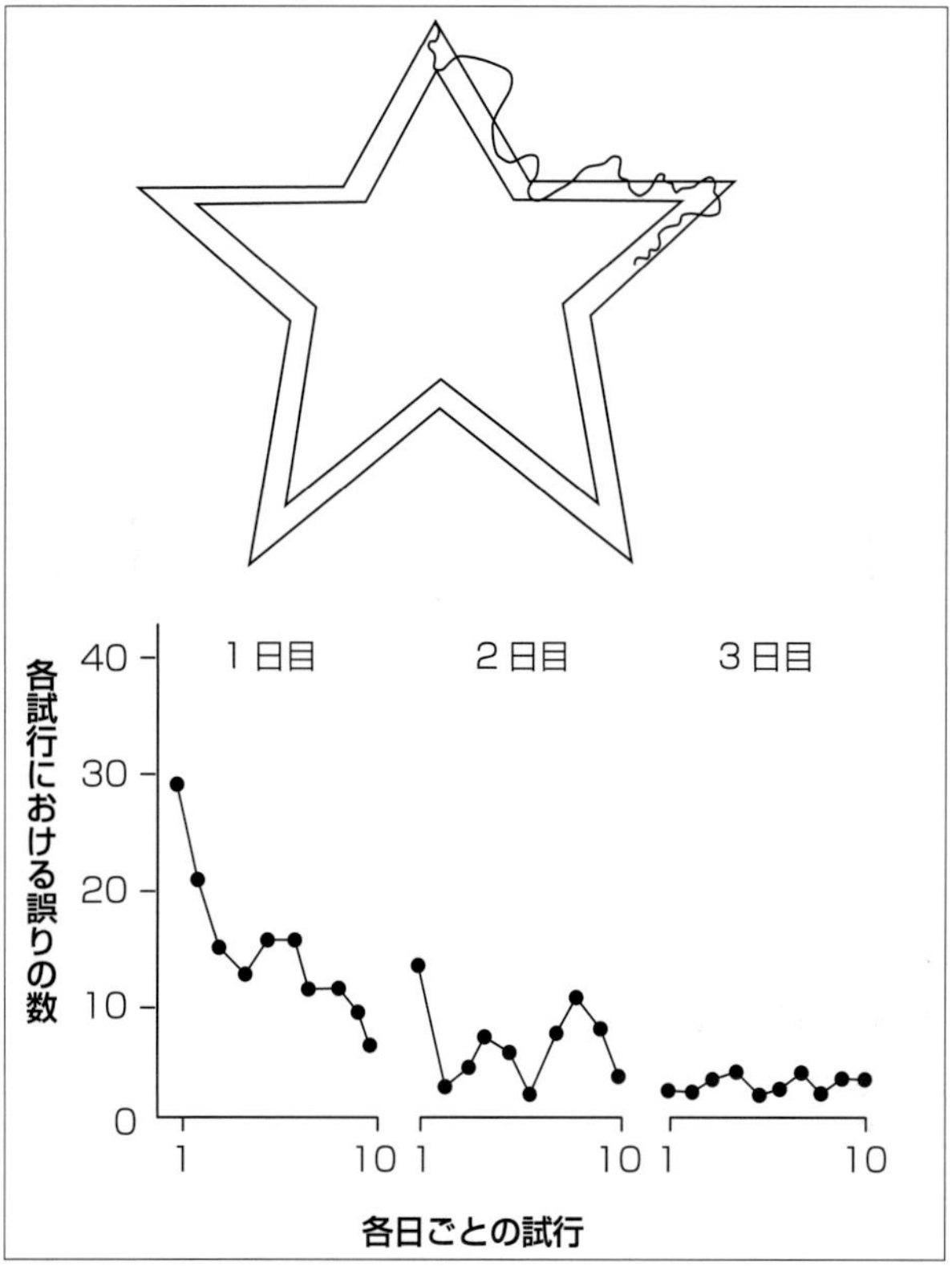

図14. 健忘症候群の患者では、一般に、数日以上継続して練習が行われるミラー・ドローイングと呼ばれる複雑な課題を学習（習得）することができる。しかし、課題を与えられるごとに、彼らは、以前にその課題を行ったという事実を断固否定する！（一般に、健忘症候群の患者は、広範囲の潜在記憶や手続き記憶の課題については、健常人と同様に、あるいはほとんど健常人との差がわからないくらい、課題を申し分なく遂行する）。

れている記憶の機能上の区別は、①健康な人と、②タイプの異なる脳損傷をもつ患者の双方を評価する際に得られた結果を理解しようと試みる中で提唱されてきました。こうした情報源はともに、人の記憶の機構に関する洞察に満ちた結果を提供してきています。

関連したテーマでは、これまでは、記憶機能に明らかな問題があるかどうかという点だけで、異なる健忘のサブタイプを、すべてひとくくりにして分類する傾向がありました。しかし、異なる健忘のサブタイプは、脳損傷部位ごとに、異なった特徴をもっています。これからは、さらに豊富な情報に基づく異なる記憶関連脳障害の分類学に発展させる必要があります。

記憶と脳について推理する

健忘に関する研究が、①記憶過程のタイプを区別する方法として、そして、②記憶の問題をもつ患者でしばしば障害されている特定の神経学的構造に関連した記憶の障害において、近年、重要になってきています。さらに、機能的磁気共鳴画像[*12]（f–MRI）、ポジトロン放射線断層撮影[*13]（PET）といった脳画像検査技法[*14]の発展により、脳障害のない人が

＊10　**ジャグリング**
ボールなど複数のものを投げあげたり取ったりを繰り返し、常に一つ以上のものが空中に浮いている状態を作り出す技術。日本ではお手玉など。

＊11　**ミラー・ドローイング**（鏡像描写、mirror drawing）
手元に、図のような星の図を印刷した用紙を置き、用紙を直視できないように遮蔽した状態で、前面の鏡に映った図を見ながら鉛筆でトレースさせる。上下が逆になった未経験の困難な作業で、被験者が過去に形成してきた知覚・運動協応が役立たない。

＊12　**機能性磁気共鳴断層撮影**（ｆ‐ＭＲＩ, functional magnetic resonance imaging）
ＭＲＩ磁気共鳴装置を用いて、人や動物の脳の活動に関連した血流動態反応を可視化する方法の一つ。酸化ヘモグロビンは磁性をもたず（反磁性体）、還元ヘモグロビンは磁性をもつ（磁性体）ことを利用する。脳の局所が活性化すると、その部位の局所血流量が増加し、相対的に還元ヘモグロビンが減少する。還元ヘモグロビン濃度の低下により、磁化率が減少し、プロトンの磁気共鳴信号（ＭＲ）が増加、この信号を脳内血流増加ととらえ、脳の血流動態をダイナミックにとらえることができる。ＰＥＴに比較して、空間解像能がよく、賦活された脳機能の局在性をより明瞭に確認可能である。記憶の研究では、たとえば、ヒトの長期記憶における符号化や検索の際に、海馬が賦活されていることがｆ‐ＭＲＩにより確認されている。Michael S. Gazzaniga, Richard B. Ivry, George R. Mangun, W. W. NORTON & COMPANY. NEW YORK. LONDON 2009

＊13　**ポジトロン断層法**（ＰＥＴ、positron emission tomography）
人体に放射性トレーサーを投与し陽電子検出を行うコンピューター断層撮影で、主に脳における関心部位の機能をみる機能画像検査。もともと主に中枢神経系の代謝レベルをみるのに用いられてきたが、近年、腫瘍組織の糖代謝の上昇を検出することで癌の診断にも用いられるようになった。

＊14　**脳画像検査**（brain imaging）
脳を可視化する方法として、頭部ＣＴ（コンピューター断層撮影）、ＳＰＥＣＴ（単一光子放出型コンピューター断層撮影）、頭部ＭＲＩ（磁気共鳴断層撮影）、ＰＥＴ（ポジトロン断層法）、ｆ‐ＭＲＩ機能性磁気共鳴断層撮影、ＮＩＲＳ（近赤外線スペクトロスコピー）などの検査がある。

記憶作業をするときに活性化される脳の部位を研究することが可能になったことによって、集中的に新しい意義のある情報が得られるようになっています。脳画像もまた、うつ病[*15]や脳卒中[*16]や外傷後ストレス障害[*17]（PTSD）、疲労、統合失調症[*18]、デジャビュー（第3章参照）と広範囲にわたる病態（これらに限定されないが）など、異なるタイプの記憶障害が関係する多様な臨床的な疾患や状態像を研究するのにたいへん有用であると考えられています。機能画像検査[*19]は、誰かが、その犯罪に特に関係している出来事や場所の「記憶」をもっているかどうかを客観的に調べることによって、被疑者の有罪・無罪を評価するために使用できる可能性があるという、物議をかもす示唆まで、最近、出てきています。

しかし、記憶することとは、無数の脳機能の集合によって支えられている多くの認知の下位成分の過程（この本のこれまでの章参照）を背景にもつ、複雑なプロセスであるために、記憶と脳について普遍化して推論することとは、容易なことではありません。つまり、

＊15　うつ病（depression）
気分障害の一つ。健康時に比べて、著しい興味・意欲の低下、睡眠の障害、食欲の障害などの症状がみられる。うつ病には、シナプス間隙における神経伝達物質の不均衡を調節する抗うつ薬が有効で、これまでのモノアミン（ノルアドレナリン、セロトニン、ドパミン）仮説に加え、最近では病因としてさまざまな仮説が提唱されてきている。記憶に関し

ては、うつ病には記憶障害や認知機能障害を伴った仮性認知症という状態があるが、これは真の認知症ではない。また、うつ病エピソード中のエピソード記憶の低下が報告されている。

＊16　**脳卒中**（stroke）

脳血管障害の総称。脳梗塞や脳出血などを指す。二次的に認知症としての症状を現してくる場合、脳血管性認知症と呼ばれ、アルツハイマー型認知症に次いで多い認知症である。アルツハイマー病は主に大脳皮質（灰白質）の病変であるのに対し、これは白質病変が基盤になっている。脳ＭＲＩ検査などで、広範囲の脳梗塞、小さな脳梗塞や虚血性病変が広範囲に広がっている場合と、認知機能に重要な役割を果たす部位（前頭葉、側頭葉、視床、海馬など）などに脳梗塞がみられる場合がある。認知症の症状は、まだら認知症と呼ばれ、認知機能障害が部分的で、よくなったり悪くなったり変動することが特徴である。また、高血圧や糖尿病を基礎疾患としている場合が少なくない。

＊17　**外傷後ストレス障害**（ＰＴＳＤ、post traumatic stress disorder）

自然災害など非日常的な著しい脅威を体験（外傷体験という）すると、その体験から、一カ月以上経ってからも、意思に反して、体験の情景がありありと再体験され、自律神経の過緊張を伴う不安、過剰な驚愕反応、集中困難などや、体験に関連した状況に近づけないなど、通常では起こらないさまざまな症状が持続する。ＰＴＳＤにおける健忘は主に解離症状に含まれる。

＊18　**統合失調症**（schizophrenia）

脳の働きをつかさどっている神経伝達物質の不均衡により、幻覚や妄想、さまざまな認知行動障害など、多様な精神症状が生じるとされる。病型として、いくつかのタイプがある。治療薬の進歩などにより、治療可能な疾病となり、従来に比べ全般に症状が軽症化しているといわれている。記憶機能という側面で考えると妄想などの症状も、記憶機能におけるトップダウン・システムの不具合としても考えることができる。記憶に関しては、統合失調症において手続き記憶の障害や作動記憶の障害の存在が指摘されている。記憶機能のなかでは再認が比較的保たれているが、意味情報についての記憶を構築する能力に問題があるともいわれている。（文献(33)、(40)）

＊19　**機能画像検査**（functional imaging）

脳画像検査のなかでも、単に脳のなかの構造を描出することにとどまらず、SPECT、PET、f-MRI、NIRS など、脳機能を可視化することができる検査をいう。

人が記憶する際には、脳の多くの部分が、活動しているのです。このことは、過去数十年にわたって行われてきた脳画像研究によって描出されてきており、これまで記憶にあまり関連がない領域とされてきた多くの脳の領域（ちょうど目の上背部に位置し、符号化と検索を行っている前頭前野など）[*20]が記憶関連領域として示唆されています。したがって、記憶に特化した神経活動を分離することはたいへん難しいのです。とはいえ、特に、描出された脳部位が、記憶には欠かせない領域と思われます。

健忘をテストする

（ボストンのＨＭや、オーストラリアのパースで研究してきたＳＪのような）側頭葉健[*21]忘の患者は、記憶の神経学的基盤について多くのことを私たちに教えてくれました。特に、長期記憶の重要な要素が、脳の側頭葉の奥深くにある海馬により供給されているらし[*22]いのです。患者ＨＭは、一九五三年に、難治性てんかんの治療のため手術を受けました。外科医は両側頭葉の内側面を、海馬、扁桃体（amygdala）[*23]、嗅内皮質（entrhinal cortex）[*24]の部分を含め切除しました。このとき以来、ＨＭは、手術を受ける以前の人生の出来事をま

だ覚えているようであるのに、新しいことがまったく記憶に残らなくなりました。その他

＊20　**前頭前野**（prefrontal area）
前頭連合野ともいう。前頭葉の前方部分（9、10、11、12野）。ほとんどすべての大脳皮質野と、視床、視床下部と線維連絡があり、高次の精神活動の座であり、意思などの機能を担い、記憶では、問題解決行動などに重要な作業記憶に深く関与していると考えられている。前頭連合野の機能については、Phineas P. Gage の鉄棒事件（一八四八）が有名である。彼は二十五歳で建設工事の現場監督をしていたが、岩の爆破作業で爆薬を詰めているときに、爆発が起こり、鉄棒が左下顎角から左前頭骨の内側部で冠状溝の近くを貫通した。事故後一カ月して、さまざまな知的能力の問題が出てきた。

＊21　**側頭葉健忘患者**（temporal lobe amnesic patient）
頭部外傷などで側頭葉が損傷された場合に起こる側頭葉症候群では、その症状の一つである記憶障害としての健忘がみられる。

＊22　**側頭葉**（temporal lobe）
外側溝より下の部分、横下の部分。聴覚野、聴覚連合野などがあるが、特に、側頭葉内側部には海馬など記憶に重要な構造があり長期記憶に重要な役割があると考えられている。

＊23　**扁桃体**（amygdala）
側頭葉極の内側部、側脳室下角前方にあって、アーモンドの形をしている細胞集団。辺縁系の重要な神経核。すべての感覚系からの情報入力が入り、情動および記憶の情報は偏桃体‐海馬を含む辺縁系で統合的に処理されていると考えられている。この扁桃体は恐怖と攻撃（「闘争・（驚愕）逃走」機構（Fight, fright or flight mechanisms）にかかわる脳神経回路の重要な部位として注目されている。

＊24　**嗅内皮質**（entorhinal cortex）
記憶・学習機構にきわめて重要な働きをもつ。中側頭葉に位置しており、記憶のネットワークへのハブやナビゲーションとしての機能、海馬と新皮質の間の主要なインターフェースでもある。嗅内皮質‐海馬系は伝記的記憶、宣言記憶、エピソード記憶における重要な役割を担っている。

の認知機能（知能、言語、直接記憶スパン）は障害されていないと考えられました。さらに、これまで見てきたように、健忘症候群の人は、――自分でそれを行ったことを覚えていなくても――ミラー・ドローイングのような（図14参照）新しい運動技能や図を完成するような知覚技能を学習することができます。ここでHMのような患者で行われた典型的な記憶をテストするインタビューの一例を紹介します。テストの前に、HMは自己紹介し数分間、初対面の神経心理学者と会話をします。神経心理学者はHMに、その日の朝食で食べたものを質問します。彼は覚えていません。それから、系統的な記憶のテストが始まります。神経心理学者はブリーフケースから一組の顔写真を出します。彼は、HMにそのいくつかを見せて、HMはそれを注意深く覚えます。しかし、数分後、HMはどの顔を見たのか、どの顔を見ていないのかを見分けることができません。この課題におけるパフォーマンスは、対照となるコントロール群（年齢、性、背景がHMと同等で、持続的な脳障害がない）のそれに比較して有意に劣っています。単語のリストを大きな声でHMに読み聞かせ、後でそれを思い出す課題でも、同様の結果が得られます。神経心理学者はHMに簡単な線の描画を示し、彼がそれを見分けられるかどうかを質問します。HMは線の描画をイスだと正しく見分けました。彼はまた、ひと続きの六個の数字を聞いた後すぐにそれを繰り返すこともできます。神経心理学者はその部屋を出て行き、ＨＭは部屋で待機しました。二〇分後、神経心理学者が帰ってきました。ＨＭは明らかに神経心理学者のことが認識できません。ＨＭは立ち上がって、再び、礼儀正しく自己紹介をします（西部オーストラリアにおける患者ＳＪにおいても同様の結果を得ました）。

ＨＭとＳＪはともに、純粋健忘[*25]の患者であり、すなわち、彼らには、高度に選択的な記憶障害があります。ＳＪの脳の障害はＨＭの場合より、より海馬に限定されていますが、二人は、臨床的プロフィールもテストのプロフィールも類似しているようです。ＨＭとＳＪの短期記憶は損なわれていませんが、日常の出来事に対する記憶は悲惨なまでに障害されています。ＨＭの脳障害は、新しい記憶を明確に統合する（すなわち貯蔵する）ことができないようにしてしまっているということが、当初は、示唆されていました。しかしながら、先に示したように、その後、ＨＭやＳＪのような側頭葉健忘症患者は、新しい技能を学習することができ、潜在記憶の課題を遂行することができると考えられるようになっ

＊25　純粋健忘（pure amnesia）
健忘症候群は、記銘障害に加え、見当識障害や作話など健忘以外の症状が同時に存在するが、記憶障害のみの場合を純粋健忘という。

ています。したがって、そうした患者のすべての症状を単純な統合機能不全ということで説明することができるとは考えられません。

しかしながら、ＨＭやＳＪのような患者が、脳損傷の時点より以前からの「古い」記憶にアクセスできる程度に関しては、現在も論争があります。このため、手術から五〇年以上たつ今も、なぜ、ＨＭがその特徴的で重篤な記憶障害を示すのかについて、神経科学者たちの見解が一致していません。それにもかかわらず、ＨＭのケース――健忘症候群を有する他の患者のケースも――では、中核となる記憶構造としての海馬に、多くの注目が集まってきました。これが、記憶を支える脳の「ハードウェア」に関しての私たちの知識を増やし、情報の貯蔵の神経科学的理論を発展させる重要なステップであるということがわかってきています。

健忘には、意味深い哲学的含みがあり、私たちの人間性や自己や同一性に関するいま進行中の感覚が記憶と心の奥底で密接に絡みあっています。そして、実際的な水準では、記憶喪失は、記憶することが不可欠な日常生活の活動範囲を、極端に狭め、しかも、介護人に多大な負担を与える可能性があります。たとえば、健忘症の人は質問したことや、何かをしたことを覚えていない場合があるために、何度も何度も再三にわたり、同じ質問をしたり、同じことをするように要求したりすることは、介護人にとっては、きわめて辛いことです。誤りなし学習テクニック（errorless learning techniques）（第7章参照）の記憶方略は、脳損傷の後の記憶障害のある人にとって、効果的であることがわかっています。（ある一定のときに、しなければならないことを思い出させてくれる）手帳のような外部の補佐が、記憶喪失のケースにおいて役に立ちます。しかし、記憶は、エクササイズを反復することによって増進することができる筋肉のようなものではありません。だから、他の領域に応用することのできる一般的な記憶の方略や技術（視覚的心像を利用するなど。第7章参照）を工夫しなくては、単に何ページにもわたる大量のシェイクスピアの劇を覚えるだけでは、一般的な記憶能力が改善するわけではありません。

記憶障害のアセスメント

記憶障害をもつ患者の系統的アセスメントは臨床と研究の両方において重要で

す。記憶の障害は、HM、SJ、NAのケースのように、独立して起こることもあります。しかし、こうしたことが起こるのはまれなことです。たとえば、よりありふれた記憶障害は、コルサコフ症候群[*26]において見られます。コルサコフ症候群は、通常、記憶に加えて、その他の心理学的能力にも影響を及ぼします。だから、記憶の障害のある人では、言語、実行機能[*27]とともに、知覚（理解力）、注意、知能などの、その他の精神機能を評価するのが賢明です。

健忘患者では、心理学者はしばしば、ウェクスラー・メモリー・スケール（Wechsler Memory Scale：WMS、現在は第三版のWMS–Ⅲ）から評価を始めます。しかし、その他のテストも有用です。たとえば、ウェクスラー・アダルト・インテリジェンス・スケール（Wechsler Adult Intelligence Scale：WAIS、これも現在は第三版のWAIS–Ⅲ）も使用されます。そうすることによってWAIS–ⅢでのパーフォーマンスとWMS–Ⅲでのパフォーマンスとを比較することができます。もしも、WAIS–ⅢとWMS–Ⅲのスコアに大きな相違があれば、健忘患者は記憶に特化した障害があるが、「知能」そのものには障害はない、ということになります。

その臨床上の疾患の結果として、時間の経過とともに知能が有意に低下してきているかどうかを測定するために、知能は、ＷＡＩＳ（または類似の検査手段）を使って、今と、病前と（発病前についてはＩＱの指標を用いる）両方で評価する方がよいでしょう。

ＷＡＩＳとＷＭＳは定期的に改訂されており、健常人口に対して標準化されています（市販の心理テストは通常そうです）。したがってＷＡＩＳ-ⅢやＷＭＳ-

＊26　コルサコフ症候群（Korsakoff's syndrome）
記銘障害、健忘、見当識障害、作話からなる症候群。見当識障害とは、時、場所、人物がわからなくなること。作話は出まかせの空想内容を本当のことのように話すこと。コルサコフ症候群は基本的には、チアミン欠乏症によって生じる健忘症候群であり、アルコール依存患者で栄養摂取不良と関連してみられることが多い。その他、コルサコフ症候群が起こる原因には低栄養、胃の悪性腫瘍、血液透析、長期間の高カロリー輸液、脳炎、脳腫瘍、認知症、頭部外傷などがある。

＊27　実行（遂行）機能（executive function）
目的をもった一連の行動を効果的に遂行するのに必要な機能で、①目標の設定、②計画の立案、③目標に向けての計画の実行、④効果的な行動の遂行からなる。前頭前野機能と密接な関係がある。アルツハイマー病などでもこの実行機能が失われる。

Ⅲを施行し、その結果を一般人口と比較することができます。ウェクスラーテストスケールは、一般人口の平均が１００で、標準偏差が15であるように考案されています。だから、ある人がＷＡＩＳ－Ⅲで知能指数が85である場合は、１標準偏差だけ、一般人口の平均より低いスコアです。

しかしながら、ＷＭＳ－Ⅲにより得られた記憶の評価は、包括的なものではなく、健忘症を評価する場合は、他の記憶テストと、（可能なら）その他の認知機能テストも行う方がよいでしょう。これには、遠隔記憶[*28]と自伝的記憶の評価が含まれます。記憶に関する臨床的な質問票は、心理検査測定では必ずしも測定できない様々な情報ももたらしてくれます。特に、介護者や患者自身により、患者の日常の困難に対する重要な洞察がもたらされることもあります。さらに、記憶が障害された患者は、質問票を完成することが正確にできるとは限りませんが、そうしたツールを用いることを通して、自己の記憶機能に関する患者自身の認識に対する洞察を得ることができるかもしれません。

健忘の要約

・一般的に健忘症の患者は、短いワーキングメモリーの期間内には正常に情報を暗唱できても、長時間の経過の中での、新たに学習した情報の保持ができない。
・健忘症の患者は子どもの頃の記憶を十分に保持しているかもしれないが、ついさきほど会った人の名前など、新しい記憶を獲得することがほとんどできないことが一般にわかっている。
・健忘症の患者は、日時の表現方法を覚えているが、今何月なのか、今日は何日かを覚えていない。また、新しい家の間取りを学習することは可能である。
・健忘症の患者はタイピングのような新しい技能は学習できる。その新しい技能を実際におぼえた事実があるにもかかわらず健忘症の患者はキーボードを使用したことがな

＊28　遠隔記憶（remote memory）
貯蔵時間が長く、記憶として十分に固定されていると考えられるもの。⇔近時記憶（recent memory）は貯蔵時間が数分～数時間（長期記憶に含まれる）。

図15. 遁走状態では、自己の人格の同一性や、それに伴う記憶の痕跡が明らかに失われています。この状態は、事故や犯罪のような外傷的な出来事により、引き起こされます。アルフレッド・ヒチコックが監督した「白い恐怖」という映画で、このようなシナリオ（筋書き）が描写されています。

いと否定したしりからタイプを打ちはじめる！

心因性健忘

すべての記憶障害が病気や外傷からくるものとは限りません。「心因性健忘（psychogenic amnesia）」[*29]では、通常、記憶の機能障害がありますが、神経学的な脳損傷が実体として存在する証拠は見当たりません。

たとえば、人が、部分的に、あるいは、全体的に、自分の記憶から切り離されたように見える**解離状態**[*30]（**dissociative state**）に入ることがあります。これは、肉体的、性的虐待を受けたり、殺人を犯したり、目撃したりといった暴力的性質の出来事により、しばしば誘発されます。解離状態の例には、遁走状態[*31]（fugue state）があります（図15）。遁走状態の人は、自己の人格の同一性やそれに伴う記憶痕跡を失っています。遁走状態を体験している人は、通常、自分がどうかしていることに気づ

＊29　心因性健忘（psychogenic amnesia）
解離性健忘（dissociative amnesia）のことで、カプランの定義では、重要な個人的記憶の喪失で、一般には、突然に、ストレスの多い記憶、または、外傷的な記憶が失われる。新しいことを想い出す記憶は保たれる。特に極端な場合で、自己の来歴、自分の名前、生年月日、両親、家族など自分の来歴がまったく思い出せない状態を全生活史健忘という。現象面ではエピソード記憶の選択的な障害で、記憶の保持や記銘に問題はなく手続き記憶も障害されない。しかし実際は、狭義の記憶自体の問題というより、さらに高次（意識）の問題であり、可逆的で、回復後、想起ができる。

＊30　解離状態（dissociative state）
解離状態は、従来ヒステリーと呼ばれたものの解離型（意識障害を主とするもの）で、解離性障害には、解離性健忘、解離性遁走、解離性昏迷などの他、キツネツキなどの憑依状態（のりうつり）も含まれる。また解離型に対し、知覚・運動障害を主とするものとして転換型がある。

＊31　遁走状態（fugue state）
解離性遁走（フーグ）は、家庭や職場から急にいなくなり、目的なく徘徊したり旅行したりし、その間の記憶がない。苦痛を伴う不快な情動体験があった時にこれからのがれるための結果とされている。一般に2～3日であることが多い。解離性遁走の特徴は解離性健忘、日常の範囲を越える理由のある病的旅行と、基本的な自己管理の維持ができる。解離性遁走は解離性健忘に空間的な場所の移動が加わったものである。

図16. 「多重人格障害」は、個々の生活（人生）の異なる側面に対処するために、たくさんの人格が現れる。この症候群をやや誇張したものが、『ジキル博士とハイド氏』に描写されている。

かず、しばしば新しい同一性を取り入れることになります。その遁走を引き起こした出来事から、何日か、何カ月か、それとも何年か経過し、「正気にかえって」初めて遁走が明らかとなります。彼らは、しばしば、もともと住んでいた所から、遠く離れたところで自分を発見します（「遁走〈fugue〉」という語は、「逃走〈flight〉」にあたるラテン語からきています）。

解離状態のもう一つの形は、「多重人格障害（multiple personality disorder）」であり[*32]、これは多数の人格が現れて、一人の人物の生涯を様々な側面から思うがままにあやつり体現させます。たとえば、一九七〇年代後半、悪名高いロサンジェルスの丘の絞殺魔（ヒルサイド・ストラングラー）として知られるケネス・ビアンキ（Kenneth Bianchi）は七人の女性のレイプと殺人罪で告訴されました。しかし、彼は、明白な犯罪の証拠があったにもかかわらず、自分の罪を否認し、その犯行について何も知らないと執拗に主張し続けました。しかし、催眠下に、「スティーブ」という別人格が出現しました。「スティーブ」は、「ケン（ケネスの愛称）」とはたいへん違っており、殺人を犯したことを認めました。催眠によるトランスから覚めると、ケネス・ビアンキはスティーブと催眠術施行者との間の会話をまったく思い出すことができませんでした。もしも、二つ以上の人格が同じ一人の人物に存在するとした場合、誰が罪に問われるべきかという点について、明らかに法的に重大な問題を引き起こすことになります！　しかしな

＊32　多重人格障害（multiple personality disorder）
これまで「二重人格」（あるいは「多重人格」）などと呼ばれてきたもので、現在、アメリカ精神医学会の診断基準のDSM-Ⅳでは解離性同一性障害（DID）と呼ばれるようになっている。つまり、神経症性障害のなかの解離性障害の一種。実際に、多種類の人格が同一個人に存在するわけではなく、かつては誤解のある用語であった。現在では、擬似的な「自己同一性」が、複数ひとりの個人のなかで、個々の同一性が解離され真の自我同一性を形成しえない状態がこの状態の本質と考えられている。

がら、この判例では、裁定はビアンキに不利な結果となりました。――それは、裁判所が、彼が、本当に、二つの異なる人格をもっているのだという主張を退けたからでした。

ビアンキの公判で、多数の心理学者が催眠セッションでビアンキの別人格が現れたことを指摘しました。実のところ検者は、ビアンキに、もう一つの別人格を現わすよう暗示していたのです。催眠は、本当に、質的に異なる意識の状態を誘い出すことができるのか、それ自体、物議をかもす技法です。さらに、ここで示された明確な問題点は、その催眠効果が、単に検者によって与えられた教示内容のコンプライアンスに依存していたのではないかということです――これは、エリザベス・ロフタスが行った目撃証言の信憑性に関する多くの研究結果と、考察における主な論点の一つに類似した問題です（第4章参照）。ビアンキの事例においては、催眠によって、もう一人の人格が存在するのだという暗示効果が奏功し、そして、ビアンキはこの一連の誘導操作にそって自白の機会をつかんだことになるのかもしれません。さらに、ビアンキの精神疾患についての一般知識が、これまで報告された多重人格障害のケースに関する彼の知識とともに、（検者がビアンキに彼自身の別人格をあらわにするよう暗示した時点で）彼に対して、催眠下で真実を告げるように反応するためのバイアスとして、働いていたのかもしれません。

多重人格障害は、そのことば自体にドラマチックなひびきがあるために、メディアの強い関心の的となってきました。そして、独特なケースを描いた多くの人気書籍が登場しました。『The Three Faces of Eve（イヴの三つの顔）』[*33]や、さらに新しいものでは『Primal Fear（真実の行方）』[*34]は、このまれな障害を描き、映画として成功した二つの代表例です。『Primal Fear』は殺人罪で告発された男が首尾よく多重人格障害に「なりすまし」、実は有罪であるはずの罪から無罪放免になった話を描いています。

日常生活では、記憶喪失が、場合によっては、実際は詐病[*35]であったり、「忘れたふりをしている」ように思われる場合があります。そして、法医学領域では、仮病を使っている

＊33　『The Three Faces of Eve（イヴの三つの顔）』
一九五七年映画作品。精神分析医が、自分の患者の多重人格状態を「イヴの三つの顔」として発表したことが話題になり、映画化された。日本に輸入されていない。

＊34　『真実の行方（Primal Fear）』
一九九六年リチャード・ギア主演映画。大司教殺害事件の容疑者として、青年（エドワード・ノートン）が逮捕されるが、活躍中の弁護士マーティンがその弁護を申し出た。事件当日の記憶喪失について精神鑑定を依頼、その青年が二重人格であるという精神鑑定結果が届いた。裁判が進むに従い真実が明らかになってゆく。

＊35　詐病（malingering）
病気でない人が、意図的に身体疾患や精神疾患を装ったりすること。これによって、自分に不利な状況を逃れる。拘禁時の犯罪者や戦場の兵隊などにみられる。解離性障害としての拘禁反応、ガンサー症候群などとは異なる。

ことを看破することに対する挑戦が行われています。仮病、つまり「悪く見せる」とは、全力を出しきらずに、わざと低いレベルで病気を演じることを言います。確かに、最近、この現象は、――「仮病を使う」ということばより客観性があり、より感情要素の少ないことばとして――努力を手控える徴候と呼ばれてきました。この徴候は、（金銭的な報酬、あるいは、介護者からの過大な注意を引くため）意識的に行われる場合も、その動機がより深い無意識レベルにある場合もあります。「悪いふりをする」ことに対する動機のもとが何であれ、現在では、幸運にも、関連の専門職には信頼のおける技術があり、客観的な記憶障害の有無や、大げさに言う人との区別ができるようになっています。

第6章 人生の七幕[*1]

記憶の発達

第1章で引用した、符号化、貯蔵、検索の三分類に話を戻すと、記憶の発達は、記憶を符号化し検索するために、さらに複雑な方略が徐々にあらわれてくる過程とみることができます（貯蔵過程は発達を通して比較的一定です）。特に、意味的知識が増加し、言葉が使えるようになるにつれて、これは、具現してきます。たとえば、意味的知識が増加することが記憶の情報にアクセスする手段を強化するという証拠があります。しかも、言語の習得により、子どもは、言葉のラベルという点で、記憶の対象となるものをより豊富に符号化することができるようになります。そしてそれらのラベルを検索の手がかりとして利用することができます。また、その他の認知機能の発達が記憶の能力に強いポジティブな影響を与える可能性があるという証拠もあります。たとえば、問題解決と仮説検証機能の発達は、記憶を検索するときと、検索された情報が事実と合致するものなのかを検証しようとするときに重要な意味をもってくるのかもしれません。

顕在記憶能では、最大限の機能が段階的にあらわれる証拠があります——幼児でさえ、たとえば、養育者の顔についての認識記憶が備わっていると考えられます。一方、初歩的な再生能力は生後五カ月で備わっているようです。最近では、言葉が出る以前の幼児でさえ、恒久的で、はっきりとした記憶機能があるという驚異的な証拠があります。こうした所見は、（サンプルに対する遅延反応と非マッチング遅延のような）人以外を扱った論文から援用した方法とともに、比較、馴化、条件づけ、模倣など、言語を含まない方法を用いて蓄積されてきました。ロビー＝コリエール（Rovee-Collier）などの研究者は、記憶のプロセスの背景にあるメカニズムは、基本的に幼児も成人も同じであると主張してきました。情報を徐々に忘れてゆき、思い出させるきっかけで、それを思い出し、前の情報に競合する新しい情報により修正が加えられるというものです。しかしながら、子どもが成長するにつれ、記憶は、長い潜伏期間の後、より早く、しかも異なる検索手がかりを介して、検索できるようになります。

潜在記憶（自覚のない記憶、第2章参照）の研究では、これが、三歳児において（たとえば、知覚学習、言語プライミングなどで）正常に働いていることがわかっています。ただし、記憶のこの側面は、それほど驚くべき発達を遂げるわけではないようで、おそらく、この種の記憶が進化の過程で長期にわたり受け継がれてきた脳領域により調整されていることに関係しています。事実、潜在記憶は小児期を過ぎると進歩しないという意見があります。これに対し、メタ記憶機能[*2]（metamemory skill）（記憶過程についての知識と記憶過程の調整）のほうはしだいに発達すると考えられます。そのため、子どもは、個々の状況で、自分の記憶がいかに良好か、あるいは、いかに不十分か、情報のある部分をどの

＊1　**人生の七幕**（the seven ages of man）
シェイクスピアの「お気にめすまま」第二幕第七場のジャックの独白。「この世界はすべてこれ一つの舞台、人間は男女を問わずすべてこれ役者にすぎぬ、それぞれの舞台に登場してはまた退場していく、そしてそのあいだに一人一人がさまざまな役を演じる。年齢によって七幕に分かれているのだ。」と始まる。

くらい思い出すことができそうか、についての優れたアウェアネス（気づき、awareness）を増進させていることがあります。もっとも、そうした能力は、（符号化と貯蔵と検索の能力としての「中核」記憶〈core memory〉と考えられるものと比べると）少し後になって生じてくるという証拠もあります。これはおそらく、青年期に、脳の前頭葉[*3]が比較的ゆっくりと神経発達を果たすことと関係があります。前頭葉は、その名前が表すように、頭蓋骨の前方部を占めている脳の部分です（この脳領域は、他の哺乳類に比べ、人間では、不釣合いなほど発達を遂げました）。この章ではのちほど、この脳領域について加齢という点からさらに論じます。

記憶の発達の背景に何があるのかについては、いまだに十分に答えが出ているわけではありません。（言語的能力や視空間能力のような）記憶に強い影響を与える小児期の知識やその他の能力は、確かに重要です。しかし、脳の神経発達やその他の生物学的ファクターも同様に重要です。子どもの記憶に関して興味深い点は、依然として不思議なことですが、「幼児期健忘[*4]（infantile amnesia）」が生じることです――このために、ほとんどの人が、四歳頃までの情報を確かな形で思い出すことができません。この現象が①生物学的プロセス、②精神状態や「構え」の小児期早期からその後の段階へと移行する際の状態依存性の変動（第3章で見たように、これは、確実な情報の再生を妨げる可能性がありま す）、③こうしたプロセスの組み合わせ、のいずれかによるものであるかどうかは明らか ではありません。一つに、四歳以前の初期の体験の記憶は存在していても、神経学的・心 理学的に、もはや、特定の体験の記憶として、アクセスできない形式で存在している、と いう考え方があります。

幼児期健忘と魅惑的な小児期の「記憶」に関する逸話が、有名なスイスの発達心理学者 ジャン・ピアジェ[*5]（Jean Piaget）によって紹介されました。ピアジェは次のように記述し ています。

＊2　メタ記憶（meta-memory）
「物を置いた場所をはっきりと覚えている」「昨日頼まれたことを忘れている」「想い出したが、その知識には自信がない」など、人は自分が何を知っていて、何を知らないかを知っている。メタ記憶とは、自分自身の記憶を知っていること。自分自身の記憶がどうなっているかに関する認識。現実モニタリングの概念とも関連してくる。

＊3　前頭葉（frontal lobe）
大脳皮質のなかで、中心溝（中央部）より前の部分で、一次運動野、前運動野、補足運動野、前頭眼領野（眼球運動をつかさどる）、ブローカ野、前頭前野などがある。大脳皮質のなかでも、より高度な機能を担う。

＊4　幼児期健忘症（infantile amnesia）
五歳以下の子どもは正確な記憶が残りにくい。子どもには、自伝的な記憶を理解し、体制化し、固定化するための一般的知識のスキーマが未発達であるためといわれている。

　私の最初の記憶は、記憶が本当ならば、二歳のときにさかのぼります。私は、今でも、非常に鮮明に、次のようなシーンを思い出すことができます。私は、十五歳まで、それを信じていました。私は、乳母車に座っており、シャンゼリゼ通りで乳母が、その乳母車を押していました。そのとき、男が私を誘拐しようとしたのです。私は革ひもでしばられ身動きのできない状態にあり、乳母は果敢にも、私とその暴漢の間に立ちはだかりました。彼女はいたるところに引っ掻き傷を受けました。今でも、おぼろげながら彼女の顔の傷を思い出すことができます。それから、人が集まりはじめ、短いマントを着た、白い警棒をもった警官が近づいてきて、その男は逃げました。私は今でもそのシーンの一部始終をありありと思い描くことができます。そして、それが地下鉄の駅の近くであったことも思い出すことができます。十五歳のときに、私の両親は、その乳母から、救世軍（キリスト教プロテスタントの一派）に入ったという手紙を受け取りました。彼女は自分の過ちを告白し懺悔し、特にこの事件でもらっていた時計を返したかったのです。彼女はその話をそっくりでっち上げていて、引っ掻き傷も作りものでした。私は、だから――子どものときに――両親が信じていた話の顛末を聞いていたに違いありません。そしてそれを、視覚的記憶として過去に投影したのです。

ピアジェのこの話のように、年長の子どもや成人は、人生の初期の出来事を、漠然とであっても、比較的よく思い出すことができますが、小児期には文脈の記憶が相対的に壊れやすいために、その情報源を特定するのが難しいという問題があります。ピアジェは乳母より語られたその出来事を「おぼえて」います。（「私は、今でも、非常に鮮明に、次のようなシーンを思い出すことができます」と語った）しかし、同時に、彼は（十代の頃）、実際にはなかったその出来事に関する作り話の情報源が、乳母であることを、どうも十分に察知できなかったのです。さらに、初期の記憶は、何回も検索（そして再符号化）されてきたために、起源を突き止めることが困難になっている可能性があります――このため、その記憶を正確にその特定の時間や場所に結び付けることができません。先に述べたように、成人が、子どものころに符号化した出来事を検索しようとするときには、符号化の時点と、検索の時点の間の文脈の変化（第3章参照）が、特に関係してくるのかもしれ

＊5　ピアジェ（Piaget, Jean）
スイスの児童心理学者。一八九六年スイスに生まれる。ヌシャーテル大学教授、ジュネーブ大学教授、ソルボンヌ大学教授を歴任。子どもの知能の発達の基本的概念を明らかにした。主著に、Le Langage et la pensée chez l'enfant（子どもの言語と思考）、La Naissance de l'intelligence chez l'enfant（子どもの知能の誕生）、L' Épistémologie génétique（発生的認識論）がある。

図17. 年長の子どもや大人は、一般に幼児期の出来事を、比較的よく、思い出すことができるかもしれませんが、幼児期の記憶は、文脈が相対的に壊れやすいために、その情報源をはっきりと示すのが難しいという問題があります。ピアジェは、その出来事が、本当はなかったことだと理屈のうえでは理解できてはいても、シャンゼリゼ通りで、乳母車に乗っていたときの誘拐未遂を実際にあったこととしてありありと「記憶している」のです。

ません。こうした可能性は相互に相いれないものではありませんが、これらは系統的な科学的方法では、研究することは困難なのです。

第4章で見たように、私たちは誰でも、記憶がひずみやすいという弱点をもっていますが、特に、小児期の出来事について思い出すときには、情報源や文脈を明示することが困難なために、歪曲してしまうのかもしれません。目撃証言のような問題を考える場合に、これは特に重要な意味を含んでいます。証拠の大半は、その人生において個人的に意味のある出来事について、子どもは、正確な目撃証言を提供することができるということを示しています。しかし、研究論文ではまた、子どもの記憶は、成人と同じように、誤った暗示により、反対の影響を受ける可能性があるともされています――受ける影響はおそらく成人以上でしょう。

記憶と加齢

私たち誰にも関係のある問題は、年をとるにつれて変化する記憶機能の問題です。誰でも、度忘れ、覚えられない、記憶違いといった経験がありますが、老人の場合は、そのことを、正常な個人差というよりは、（加齢は単に付随的ファクターであるにもかかわらず）頭ごなしに加齢のせいにする傾向があります。この重要な点が、数世紀前に、有名な学者で、話上手な才人サミュエル・ジョンソン*6 (Samuel Johnson) により記録されています。

多くの人が、老人は、知力が衰えるものだと思っているというとんでもない風潮がある。もし若者や、中年の人が、ある会社を出て、自分の帽子をどこに置いたか思い出せなかったとしても、問題にされない。しかし、同じような不注意が老人で見られようものなら、人は肩をすくめて、「彼はもうボケがはじまっている」などという。

近年、大多数の国で、一般人口の平均年齢が増加してきていますが（これからも増加し続けるでしょう）、科学的根拠をもつ加齢の結果として確認できる記憶変化とは（あるとすれば）どんなものかを見極めることが大切です。しかしながら、この領域で考えておくべきいくつかの重要な方法論的問題があります。たとえば、今の二十歳代の人の記憶と今の七十歳代の人の記憶を比較するとすれば――単に二十歳代は五十歳だけ若いということだけではなく――二つのグループ間の記憶パフォーマンスの相違を説明するファクターは多種多様にあります。たとえば、現在七十歳代の人が一生のうちに受ける教育や健康管理は、現在二十歳代の人が受けるものより有意に少なそうです。現在二十歳代の記憶機能と、現在七十歳代の記憶を対比する場合、こうした本質的でない――絡まりあった――ファクターが、記憶に対する加齢の影響の研究結果をゆがめる可能性があるでしょう。

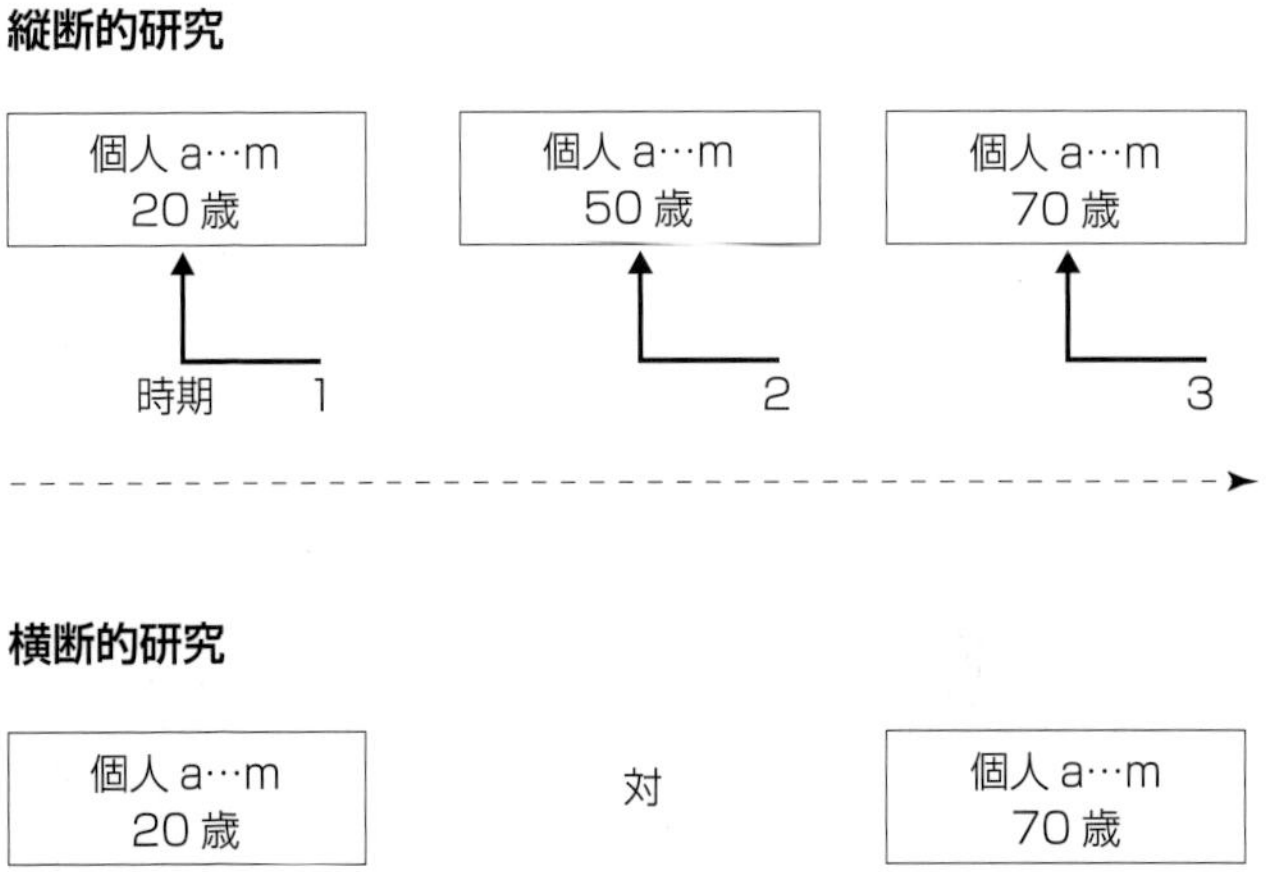

図18. 縦断研究では、同一人物を20歳から70歳まで、その人の生涯にわたって、追跡します。一方、現在における20歳の人の記憶と、70歳の人の記憶を比較するというのが、横断的な実験デザインの例です。それぞれのアプローチには長所と短所があります。

現在二十歳代の人の記憶と現在七十歳代の人の記憶を比較するのは、**横断**[*7]**的**（**cross-sectional**）実験デザインの例です。これに対して、**縦**[*8]**断的**（**longitudinal**）な研究では、目的は、同一の研究対象者を二十歳から七十歳までのライフ・スパンを縦断的に追跡して、加齢につれて**同一個人内**ではいかなる記憶の変化がおこるのかを調べることです。縦断的方法には、同一の人で起こってくる変化を比べるという点で、利点があります。しかし、高い機能水準をもった研究対象者――つまり、より多くの記憶やその他の認知機能を保持している者――ばかりが縦断的研究に脱落せずに残ってゆく傾向があるとされています。（こうした人々は、**スーパーコントロール**〈super control〉あるいは**スーパーノーマル**〈super normal〉と呼ばれています）。言い換えれば、縦断的研究では、縦断的研究への参加によるポジティブ・フィードバックを受けている人（彼らは相対的に十分な機能的容量を維持していることに関連して）は参加し続け、一方、苦戦しているものは脱落する、という事態が起こっています。この結果として、加齢の影響に対して、人為的に、肯定的な印象をもたらす可能性があります。もう一つの課題は、縦断的研究に従事し、五〇年以上の長きにわたりデータ分析を継続できるほど、科学的研究に積極的な人（あるいは研究チーム）を見つけ出すことです！　ひとことでいえば、横断的研究デザインも縦断的研究デザインも、ともに長所と短所があります。

加齢と記憶に関する研究から、横断的研究と縦断的研究の両方の研究結果を考慮すると、矛盾のない研究結果もいくらか明らかになってきています。特に、注目すべきは、子供と老人の記憶機能のプロフィールの間には類似点があるということです。

高齢者では、**短期記憶**の保持が十分であっても、逆に、ワーキング・メモリーの必要な課題が、加齢につれてしばしば障害されます（この区別は、第2章参照のこと）。したがって、（より受動的な短期貯蔵は別として）認知作業が充分に必要な場面では、障害が明らかとなることがあります。たとえば、同じ順で数字の並びを復唱する場合より、逆唱する場合のほうが、年齢依存性の困難がより明らかとなります。

年齢依存性に、再認が十分に維持されていても、一般に、特に自由再生の計測では、**顕在的長期記憶**（すなわち、記憶体験の自覚のある記憶。第2章参照）の課題は、有意に低下します。ただし、再認は質的に変化するようです。どうやら熟知基盤の増加につれて再認は質的に変化するようなのです。だから、再認が文脈的な記憶を必要とするとき（すなわち再認記憶の回想の要素を多く必要とするとき。第3章参照）、障害は加齢に伴い出現します。これは、老人が記憶する場合は、子どもの場合と同じように（この章のはじめ参

＊6　サミュエル・ジョンソン（Johnson, Samuel）
（一七〇九―一七八四）イギリスの文学者、詩人。シェイクスピアの研究、英語辞書の編纂などに携わる。さまざまな名言が知られている。

＊7　横断的研究（cross-sectional study）
ここでは、ある時点で、異なる年齢群を対象として、それぞれの年齢群の比較を行うこと。

＊8　縦断的研究（longitudinal study）
ここでは、ある個人や同一集団を長期にわたって追跡すること。追跡途上で集団が小さくなる可能性があり、実際には大きな集団を追跡することは困難である。

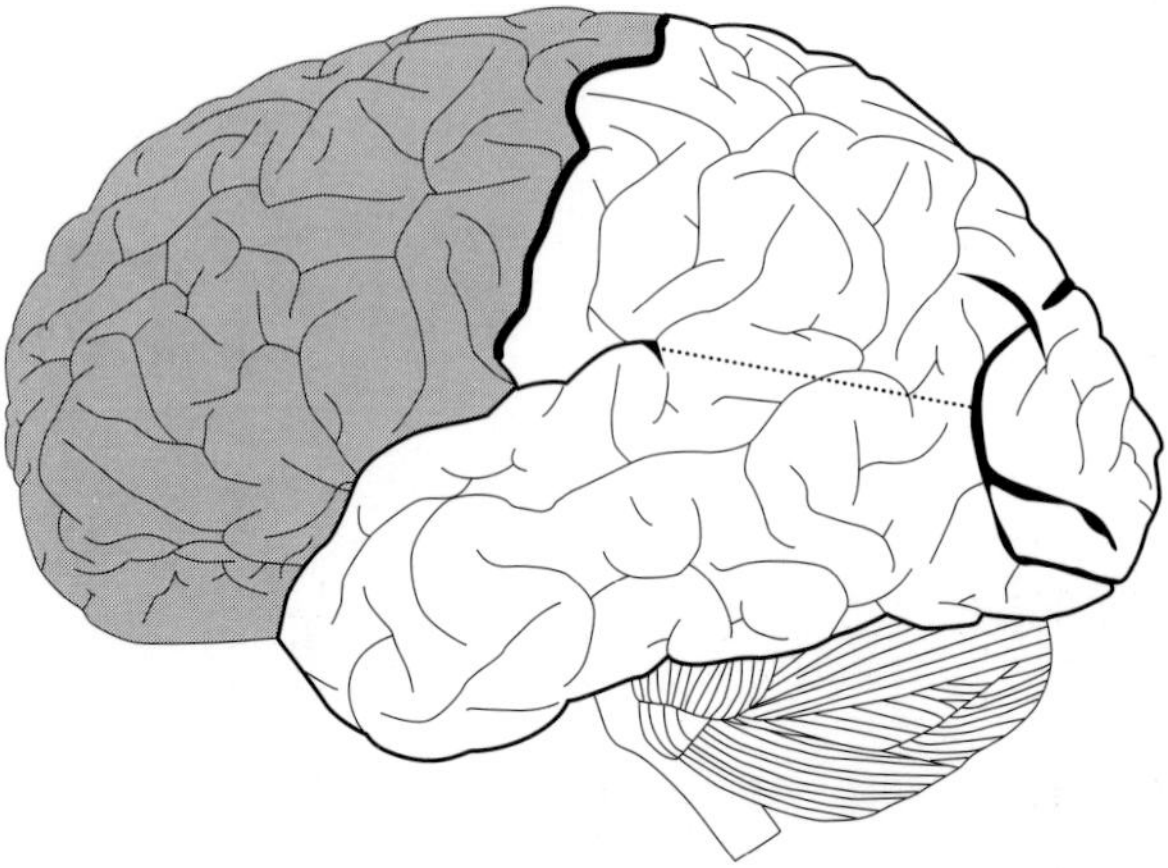

図19. 脳の前頭葉（人間では不釣り合いに大きく、この図では左のグレーの部分）は比較的遅くに成熟し、早く機能低下が起こります。記憶の方略的、組織化の側面に影響を及ぼすということがわかっています。

照）、暗示やバイアスに影響されやすいことを意味しているかもしれません。これは、実社会の文脈で、社会的に重大な結果をもたらす可能性があります。たとえば、老人が、資産運用などの重要な決定をするような場合です。

潜在記憶（すなわち、無意識の記憶。一般には、記憶体験の回想ではなく、行動の変化の評価によって、間接的にテストされます）は加齢によってはほとんど減少しないようです。たとえば、これを支持する巧妙なタイピングの研究が、ヒル（Hill）（一九五七）によって行われました。この研究では、三十歳の時に、テキストの一節をタイプすることを学習し、その後、五十五歳と八十歳で、再び自分でテストをしたのです！　潜在記憶は小児期の比較的早期に成熟するというだけではなく、老年期においても保たれているようです。**意味記憶**は、加齢による影響はほとんどありません。事実、この記憶機能は一生を通じて進歩し続けると考えられます。たとえば、人の語彙や一般知識は年をとるに従って通常増加します（ただし、関連情報にアクセスする場合に、たとえば、第2、3、4章で考えた、「舌の先現象」のような困った問題を体験するかもしれません）。意味記憶の知識にかなりのウエイトがあると考えられる職業（たとえば、高等法院〈最高裁〉の裁判官、小説家、会社会長、教授、将官）が圧倒的に高齢者によって占められている理由を、意味記憶は一生を通じて情報を蓄積し続けるのだということによって説明できることが示唆されてきています。

年齢依存性の記憶障害は、一部は、記憶の方略や体制化の側面を担当している脳の前頭葉における相対的な変性から生じます。[*9] この章のはじめのほうで述べたように、人間では、この脳の部位は他の種に比べ不釣り合いなほど発達してきたようです。前述のとおり、子どものメタ記憶（自分の記憶能力の自覚）も、前頭葉の発達に関係があると考えられており、年齢依存性のメタ記憶の低下は前頭葉機能障害と関連があります。[*10] 展望記憶

(prospective memory)――将来何かを行うことを覚えていること――は、前頭葉機能に関連したもう一つの記憶の側面です。そして、事実、この記憶機能は、加齢により、不利な影響を被ることがわかっています。要は、前頭葉はどちらかというと一生の中で遅い時期に発達しますが、割合早期に機能低下が始まると考えられるのです。この考えと同様に、前頭葉機能低下の影響は子どもにおいても、老人においても検出されるといわれています。

記憶機能の年齢依存性の低下は、私たちが年をとるに従って起こってくる認知情報処理のスピードの低下に関係があるという証拠が示されています。その他に、年齢依存性の記憶変化は、注意[*11]における抑制や制限の機能低下や、文脈的、環境的援助の減少により引き起こされるという意見も提唱されています。加齢の「前頭葉仮説」に関することも同様で、こうした根拠の説明にはどれも限界がありますが、それらはみな、興味深い研究上の論点を生み出しています。

重要な関心領域の一つは、「健康レベルの」加齢による記憶の変化が、脳の記憶機能のさらなる減少を必然的に引き起こす、目安となるのかどうかということです。「軽度認知[*12]機能障害(mild cognitive impairment：ＭＣＩ)」といわれる疾患単位は正常加齢と臨床的な認知症の間の中間的なものとして定義されています。ＭＣＩには、記憶に特化したもの（「健忘ＭＣＩ（amnestic MCI）」）と、複合した認知領域を含むもの（「multi-domain MCI」）があるかもしれないということが提案されています。ＭＣＩと診断された人の多くで、この状態が確認され、二、三年以内に本格的な認知症[13]となります。しかし、ＭＣＩの中には、認知症にならないものもあります。ほとんどの国が老年人口が爆発的に増加するという人口統計学的な時限爆弾をかかえていることを考えれば、現時点で、ＭＣＩから認知症に発展することに寄与するファクターを同定する努力は、膨大な財源の投資対象に

＊9　**変性**（degeneration）
細胞や組織に、正常では存在しない物質が出現する、あるいは、正常かつ生理的なものでもその量が増加するなど、細胞あるいは組織が正常な状態とは異なる状態となること。

＊10　**展望記憶**（prospective memory）
これから行おうとしている実行内容の行為を適切なタイミングで想起する記憶。（⇔回想的記憶は、以前行った行為を思い出す過去の記憶）。メタ記憶と関係がある。

＊11　**注意における抑制や制限の機能低下**
注意における抑制や制限の機能低下により不必要な情報にも注意が向いてしまう結果、注目する必要のある情報に焦点があたりにくくなるという考え方。

＊12　**軽度認知機能障害**（ＭＣＩ、mild cognitive impairment）
将来、認知症に発展する前駆状態の段階と考えられており、検査などで単なる加齢では説明できない記憶障害があるが、全般的な認知機能は正常で、日常生活行動が自立し保たれている状態。認知症の診断基準を満たさない。

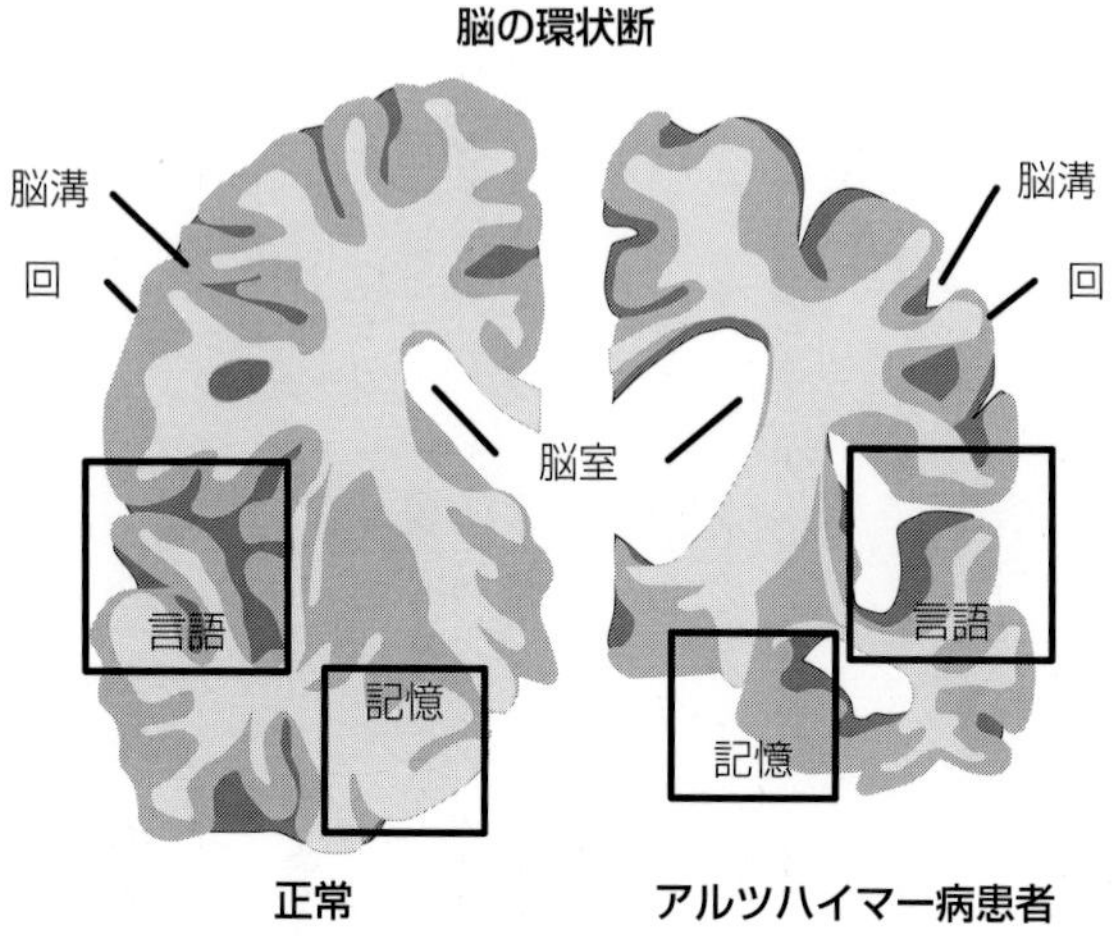

図20. この図は、アルツハイマー病（右）の脳萎縮と健常老人（左）の比較を示している。エピソード記憶をつかさどる脳部位が病初期におかされている。

なります。たとえば、最近では、運動や健康的な食生活（特に飽和脂肪酸が少なく[*14]抗酸化物質の含有量の高い食事）[*15]が、身体の健康に役立つというだけではなく、老年期の脳機能が活性化することにも一役買っているということがわかってきています。

加えて、メンタル・エクササイズ（クロスワードパズルやチェス、情報技術のような新しい技能を学ぶことなど）は神経学的、心理的能力を維持するのに非常に有用です。さらに、精神活動への刺激によって、脳は、生涯を通してある程度の成長や修復能力を維持するということが、科学研究からわかっています。高齢者（たとえば、身体的な問題や認知の障害で高齢者住居に入居している人）にとっての最適な生活環境を考えた場合に、これは、特に

＊13　**認知症**（dementia）
以前は「痴呆」と呼ばれていたもの。アルツハイマー病を筆頭に、さまざまな認知症がある。認知症の症状は、大きく分けて中核症状と周辺症状に分けられるが、中核症状とは、脳自体の一次的な障害により生じるもので、記憶障害や見当識障害（時、場所、人がわからない）、失語、失認、失行をはじめ、日常生活のなかで私たちが普段意識せずにやっている仕事や家事全般にかかわる実行機能障害などの多様な認知障害。また、幻覚、妄想などは脳自体の一次的な障害によるものではなく暮らしのなかで反応性に生じてくるものとして周辺症状とされている。中核症状のなかでも記憶の障害については、健常者のもの忘れは手がかりなどが与えられれば想起できるのに対し認知症の物忘れは、手がかりによっても想起できない。健忘は訂正不能なことが多く、「物盗られ妄想」など、妄想や作話に発展する。またアルツハイマー病では、近時記憶、即時記憶が特に障害されており、長期記憶では、発症以前の記憶が保持されていても、以後の記憶は障害されている傾向がある。陳述記憶では、意味記憶は初期には比較的保たれるが、エピソード記憶はより早期からみられる。基本的な非陳述記憶（手続き記憶）は遅くまで保たれる。

＊14　**飽和脂肪酸**（saturated fats）
牛肉や豚肉および乳製品に多く含まれてる。摂取しすぎると血中のコレステロール値を上げ、虚血性病変を起こしやすいとされる。

＊15　**抗酸化物質**（antioxidants）
酸化ストレスは、ヒトの多くの病気で原因の一つとして注目されている。抗酸化機能を持つものとしてビタミンC（レモン、ミカンなどの果物、ブロッコリーなど野菜）、ビタミンE（かぼちゃ、ウナギ、あじ、アーモンド、ピーナッツ、ごま、植物油）、ポリフェノール（コーヒー、イチゴ、ゴマ、パセリ、オリーブ・オイル、赤ワイン、シナモン、チョコレート）カロテノイド（果物、ニンジンなどの緑黄色野菜、卵）などがある。

検討すべき重要事項です。海馬（特にエピソード記憶に関する記憶の統合に主に関与しています――第2、5章参照）は、精神的刺激や精神活動後、神経再生や神経結合の増加には特に鋭敏です。

年齢依存性の臨床疾患では、記憶障害は、一般に、認知症の初期指標です。特に、エピソード記憶と海馬機能の障害は、最も一般的なタイプの認知症であるアルツハイマー型老年認知症[*16]の初期の特徴です。エピソード記憶の障害は、この病気の初期にどちらかという と単独で起こります。しかし認知症の後期には、他の多くの認知機能（言語、知覚、実行機能など）がおかされることになります。アルツハイマー病では、ワーキング・メモリーの中央実行系（第2章参照）が特異的に障害される可能性があるといわれてきています。より限局的な健忘症（第5章参照）に罹患している人と違って、アルツハイマー病の患者は、特に後期において、顕在記憶のテストだけでなく潜在記憶のテストも障害されることになります――これは、この深刻な病における脳障害の進行を反映しています。もう一つのタイプの神経変性疾患は、意味性認知症（semantic dementia）と呼ばれてきました。アルツハイマー病[*17]とは対照的に、このタイプの認知症は意味記憶（第2章参照）の重大な障害があり、これに罹患している患者はコップ、テーブル、車のようなよく知っているなじみのあるものを認識する能力が失われます。

現在のところ、認知症に利用できる薬物治療は、その病気の根本的な原因を治療するというよりは、その病気の結果としてあらわれた状態（脳の神経伝達の減少）に対し、対症療法的治療を行います。さらに、現在の治療では、アルツハイマー病のような苛酷な神経変性疾患を防止することができません。将来は、幹[*18]細胞治療や脳[*19]プロステーゼ（brain prostheses）のような治療技術によって、治療は変化してゆくかもしれません。加えて、認

＊16　アルツハイマー型老年認知症（senile dementia of the Alzheimer type）

初老期（四十代後半〜五十歳代）発症のタイプをアルツハイマー病、高齢期（七十代後半以後）発症のものをアルツハイマー型老年認知症、両者を合わせてアルツハイマー型認知症という。記憶障害、意欲の障害、判断の障害、失行、失認、人格障害、感情障害など認知機能の広範囲にわたり障害が出現する。

＊17　アルツハイマー病（Alzheimer's disease）

一九〇七年ドイツの精神科医アルツハイマー（Alois Alzheimer　一八六四―一九一五）が、はじめて五十一歳の認知症患者を報告し、これにちなんで、クレペリン（Kraepelin）がこのような特徴をもつ患者をアルツハイマー病とする呼称を提唱した。初老期に記憶障害をはじめ広範囲な認知機能障害を示し、ある一定の脳神経病理変化を有する慢性進行性の疾患をアルツハイマー病と呼んでいる。アルツハイマー病の脳神経病理変化では、組織学的に大脳皮質の正常な脳神経細胞が変化して機能を失った細胞である神経原線維変化（タウ蛋白の異常）と老人斑（アミロイド蛋白の沈着）と呼ばれる組織変化が増加している。肉眼的な変化では脳萎縮は全般にみられるが特に前頭葉に著しく、画像検査であるCT、MRI所見でも、前頭葉や頭頂葉に加え海馬や嗅内皮質の著しい萎縮がみられる。脳血流量を調べることのできるSPECT所見では病初期から後部帯状回の血流低下が報告されている。

知機能のリハビリテーション技術が神経変性疾患を有する患者の記憶容量を最大限に利用することに役に立ちます——これが、機能的な能力を高めると同時に、自尊心や情緒的な状態を高めることになります（第7章参照）。

これまでにない優れた診断検査と期待のできる治療法が利用できるようになってきたため、ＭＣＩと認知症の両方に感度が高く、特異的な、記憶や認知機能の評価尺度を探すことへの関心が高まっています。もし認知能力の低下が早期に確認できれば、変性過程を効果的に治療する（少なくとも改善する）ことができる大きなチャンスが生まれることになります。

＊18　幹細胞（stem sell）

体内の複数系統の細胞に分化できる能力（多分化能）と、細胞分裂を経ても多分化能を維持できる能力（自己複製能）をもつ細胞。特に胚性幹細胞（ＥＳ細胞）は、さまざまな再生医療に寄与すると考えられてきた。また、神経幹細胞はニューロンやグリアに分化可能な細胞であるが、神経変性疾患をはじめアルツハイマー病などに対しても幹細胞の利用の研究が行われ、記憶と神経幹細胞に関する研究も発展してきた。現在、ｉＰＳ細胞（人工多能性幹細胞）の開発により、受精卵やＥＳ細胞を使用せずに分化万能細胞を培養することが可能になった。これは理論上、身体を構成するすべての組織や臓器に分化誘導することが可能であり、さまざまな臓器への応用が期待されることになったが、高度の機能と構造をもった組織や臓器（心臓、脳など）の再生は今のところ最も困難と考えられている。

＊19　脳プロステーゼ・脳補綴プロテーゼ（brain prosthesis）

海馬の一部の代わりをするシリコンチップをつくり、記憶障害に対応すべく動物実験による研究が開始されている。212ページ「生体機能代行装置」も参照のこと。

第7章　記憶力を増進する

私たちの記憶を大幅に増進することができると銘打ったセミナー、学科コースや書物などが数多くあります。この章では、私たちの記憶機能の増進に有利に働く可能性がある、あるいは、不利に働く可能性のある方法に関しての確立された客観的科学的証拠をレビューします。主に、記憶の「ソフトウェア」としての効率の改善が期待できる記憶術などのテクニックについて述べますが、記憶を支えている「ハードウェア」の今後想定される対処についても取り上げます。脳損傷による記憶障害の改善をめざした、薬剤、生体機能代行装置（prosthetic device）[*1]や神経細胞の移植を用いることが、将来可能となるかもしれません。また、この章では、記憶術者（mnemonists）（ずば抜けた記憶能力をもった人）——特にSという名で知られた人——についても考察します。「完璧な記憶」があればと誰もが願うものですが、忘れることができるということも、まぎれもなく大事な能力であることを、Sの物語は教えてくれます。

記憶力を増進することができるか？

ハードウェア

少なくとも生物学的「ハードウェア」に関しては、現時点では、私たちの記憶の基礎をなす装置自体の機能を確実に増進することは誰にもできません。科学的観点からは、今のところ、記憶の基礎をなすこの神経系の能力を、系統的に高めることができる確実な方法はないのです（一方、頭部外傷、アルコール、その他、身体的虐待、薬物乱用などで、こうしたシステムにダメージを与えることは比較的簡単です）。

（ニコチンやカフェインなどの刺激物質のような）薬物の中には——通常、注意力を改善し、これにより、記憶対象の符号化を改善することで――記憶を増進するものがあることが知られています。ただし、こうした刺激物質の効果は、疲れているときや、認知システムが何らかの形で機能低下をしている場合にのみ明瞭に観察することができます。そしてもし、それによって、覚醒しすぎる結果になれば、そうした刺激物質は、逆の効果をもたらすかもしれません。ある種の「スマートドラッグ」などの神経化学物質が、記憶の基盤をなす神経成分の機能を改善することができるということもいわれてきました。そうした作用物質は、一般に、脳細胞間の化学伝達や連絡を増幅する機能を果たしているようです。しかし、また、そうした物質が、首尾一貫して役立っているのは、たとえば、脳損傷や（認知症のような）脳の病気による記憶障害をもつ場合のみです。これに対して、（脳がおおよそ最適な状態で機能している）健康な人では、そうした化学作用物質を投与しても、この「天井（最高限度）」の水準を超えてパフォーマンスが改善されることはありません。多少乱暴なたとえですが、車のエンジンにたとえることができます。車のオイルタ

＊１　生体機能代行装置（prosthetic device）
生体機能代行装置の使用は、人工歯など紀元前の古代から用いられていた。現代医療では、外傷や疾患や先天性に欠損した部分を代行するバイオメカニクスの分野。生体臓器機能などを生命維持のレベルで代替する体外循環装置や人工呼吸器、人工腎臓装置や、人工眼、総義歯、心臓人工弁、美容プロテーゼの分野などがある。

ンクに、すでに十分に油を満たしていれば、さらに多くの油を追加しても、必ずしもエンジンの機能的効果や変速機の出力が改善することはありません。

おそらくは、①遺伝子と神経細胞の操作・移植技術によって、あるいは②カーボン製とシリコン製のハードウェアをつなぐことによって、記憶の基礎となる「神経のハードウェア」を改良することが、将来、可能となるかもしれません。言い換えると、①推測上、私たちの脳内の実質を補強することと、②人工の器官を使用することです。実験動物において、こうした両方の方法を行う試みがすでに出てきています。しかしながら、そうした技術はなお、論争の的となっています。ですから、現時点では、私たちにできるのは、自分の頭の中でいま働いている神経のハードウェアでもって機能し、このシステム上で働く「ソフトウェア」が最適に機能するようにすることだけのようです。では、実際にどうすればよいのでしょうか？

ソフトウェア

よりたくさん覚えるための「最良の実践法」のエッセンスは何でしょうか？

エビングハウスが無意味音節の研究をしていたとき、学習トライアル数と保持された情報量の間に直接的な関連があることを発見しました（第1章参照）。エビングハウスは、記憶量が、記憶にかけた時間に比例すると結論づけました。他の条件が同じなら、二倍の時間をかけて学習すれば、二倍の量の情報が記憶に蓄積されることになります。これは**総時間仮説（total time hypothesis）**として知られるようになりました。この仮説は、人の学習に関する論文のすべてに通底する基本概念です。しかし、本書では、記憶の符号化の種類が異なると記憶のパフォーマンスレベルの格差が生じるということを見てきました（第2章）。さらに、第1章のエビングハウスの記憶研究法はどちらかというと人為的な手法でした。実際は、エビングハウスが提示したように学習実践量と記憶量には一般的な関連がありますが、学習に要した時間に対してより多い見返りを得ることができる方法が他にあります。

・**練習の分散効果**によると、まとまって一度にトライアルを行うより、時間をあけて学習トライアルを分散するほうが効果的です。ここでは、「少しずつ、回数を多く」ということが重要な原則です。試験のための一夜漬けでは、堅実で、持続的な勉強ができません。

・これに関係したテーマで、**誤りなし学習**[*2]は、融通性のある方略で、最初のうちは、新しい項目が、短い遅延時間の後テストされ、その項目が十分に学習されるに従って、徐々に練習間隔を伸ばしてゆきます。その主な目的は、確実に再生できる範囲で最も長い間隔で、それぞれの項目をテストすることです。この方法は、学習方法としては、効果的に機能するようです。誤りなし学習の有益な副産物として、記憶の失敗率が低い水準に保たれるために、学習者のモチベーションが持続するということが挙げられます。

・あなたが自分で何かを思い出せば（言葉の綴りを思い出すなど）、その行為により、その記憶は強化される可能性があります。

・学習していることに注意を集中することは、効果的な学習法です。ビクトリア朝時代の教育は、反復と暗記に重点を置いていました。しかし、情報を反復しさえすれば注意がその対象に注がれるという保証はありません（これまで本書で見てきたように、あなたが対象に注意を向けないかぎりそれは長期記憶に残りません）。

・言語と視覚の両方の情報を符号化すること（すなわち、言語的な項目を視覚的にイメージする）と、「メンタルマップ（mental map）」を作ることは、通常、有効な学習方法です（作家のトニー・ブザン〈Tony Buzan〉は多くの著作を発表し、「メンタルマッピング」の方法を述べています。巻末の文献案内を参照）。その他の記憶術の方法もまた効果的です（この章の後半を参照）。

・私たちが情報を処理する方法は、欠かせない重要事項です。人は、覚えようとする情報の中に意味を探し、もし意味がなければ、その対象に自分なりの意味を付与します（第1章、バートレットの「幽霊の戦争」を参照）。この現象からすると、一般に、新しい対象を、あなた自身や環境に、できるだけ豊富に入念に結びつけを行うことが役に立つということです。学習しようとしている情報を理解しようとすることは、受動的にそれを学ぶより、記憶を増進します。（意味処理は、一般に、私たちの一般的知識に関連が深く、これにより、より豊富に意味的に情報を符号化し、その後の記憶パフォーマンスを改善するようです）。

・情報を学習するモチベーションは、直接的な効果ではないかもしれませんが、重要な

＊2　誤りなし学習（errorless learning）
誤りをさせずに段階的にステップを踏んで、学習させてゆく方法。簡単なことから徐々に難易度を上げながら、成功体験を積み重ねる。

ファクターです（たとえば、モチベーションが高い人の場合、覚えるべき対象に費やす時間の総量が減少し、一般に、学習の総量を改善します）。

・注意、興味、モチベーション、専門的技術（知識）、記憶の間には、相互に補強しあうという複雑な関係があります。このため、あなたがある特定の領域での知識を増やせば増やすほど、あなたはその領域に興味をもつようになります――その知識と興味は、お互い強化しあい、その領域の事柄に対する記憶が改善することになります。記憶の研究者の場合も、例にたがわず、専門知識を深めるにつれ、その分野の新しい知見を獲得すること、忘れないでいることがだんだんと容易になることに気づきます。同じ原則が多くの職業に当てはまります。たとえば、セールスマネージャーは過去数十年間の市場の商品についての知識に基づいて、新商品についての情報を自分のものとして理解することができます。

以上のことをまとめると、記憶パフォーマンスを改善するには、集中力、自主性、根気強さが必要ですが、他にも役立ちそうな方法がいくつかあります。さらに、私たちの記憶に残っていることは、もとの出来事を体験する時点で、私たちが、いかに考え、感じ、行動するかに少なからず依存しています（第3章で述べた状態依存性記憶効果を参照）。このことから、私たちが自分の記憶の修正に役立つ方略を発展させることが可能になります。

次に、情報を忘れないことに影響する重要なファクターについてさらに詳しく考えます。

リハーサル

子どもがよく用いる初歩的な方略は、「頭の中」で何度も、何度も復唱することです。ある情報を、意味や、意味関連について考えずに、ただ繰り返すことは、二、三分その情報を保持することに役立ちますが、長い間保持するにはきわめて不十分な学習方法です（第2章参照）。

たとえば、クレイクとワトキンス（Craik & Watkins）は、単語のリストを覚えるように被験者に求めました。ある条件では、被験者は、再生前のしばらくの間、そのリストの最後のいくつかの言葉を、何度も何度も繰り返すように言われました。そのリストの提示後すぐに、記憶テストが行われました。被験者は、その直後の記憶テストで、繰り返した単語を首尾よく再生しました。しかし、その実験の終了時、提示されたすべてのリストのテストが再び行われました。最終テストでは、何度も繰り返された単語（直後のテストで好成績であったもの）の再生の成績は、被験者がまったく反復しなかったその他の単語再生成績と同等のものでした。この反復は**維持型リハーサル**[*3]**（maintenance rehearsal）**と表現されました。この種の反復は、明らかに、一時的に記憶の情報を維持しましたが、長期記憶を改善しませんでした。

維持型リハーサルとは対照的に、クレイクとワトキンスの研究には、**精緻化リハーサル**[*4]**（elaborative rehearsal）**を用いたものもありました。情報の維持のために単に受動的に反復するのではなく、精緻化リハーサルにおいては、被験者が情報の意味を考え、この意味の説明が念入りになされ（精緻化され）ました。どちらのリハーサルでも、ともに短時間、情報の利用が可能となりますが、一定の間隔を置いたあとの再生は、単に反復を繰り返すスタイルより、情報を入念に遂行しながら繰り返すほうが、はるかに成績がよいことがわかりました。精緻化リハーサルが、情報が十分に効果的に保持されるように、その情報を記録しているかのようです（第2章の「情報処理水準」の枠組み参照）。

検索練習を延長する

リハーサルの種類にかかわらず、情報再生には間隔をあけた**検索練習（spaced retrieval practice）**が役立ちます。これは、一定の時間間隔をおいて情報を思い出そうとする検索練習です。この方法は、**延長リハーサル（expanding rehearsal）**あるいは**間隔伸長法（spaced retrieval）**とも呼ばれています。このアプローチは、最も効率のよいところで精神的努力を投入して学習効果を最大限にする方法として知られています。再生があまりにも難しくてできなくなる寸前に、再生が試みられるとき、記憶が最も強化されるというのが、ここでの基本原則です。もちろん、この潮時を決定することは多少難しいので、それらしい時点が推測されます。この章で後ほど取りあげる無誤（誤りなし）学習の原則

＊3　維持型リハーサル（maintenance rehearsal）
機械的反復（復唱）を行い、意識の中に情報を保持すること。一次記憶の情報を活性化する働きがある。

＊4　精緻型リハーサル（elaborative rehearsal）
単なる機械的反復でなく、より深い水準で分析することによって、学習される情報間の連合を形成しやすくし、記憶を増進することができる。この形式のリハーサルを、精緻型リハーサルという。意味的な分析をし、保持を促進する。

と、この原則が、いかに緊密につながり合っているかという点は興味深いことです。

間隔伸長法の基礎となる基本原理は以下のとおりです。私たちがある情報に初めて出会ったとき、記憶定着度という点では、比較的に、もろいかもしれません。情報を学習した直後、すぐに、その情報を誤りなく再生することに成功すれば、その後再び、私たちは、それをいっそうしっかりと再生することができると期待できます――その後、いくらか長い（遅延再生の）間隔が開いても、検索作業をうまく行うことができるのです。検索努力をするごとに、検索の試行の間の時間間隔を延長することができ、しかも、いっそう正確な再生が可能となります。

検索実行のスケジュールを延長することの有効性がランダウアとビョーク（Landauer & Bjork）により示されました。この研究者らは、架空の名前（first name）と姓（last name）を被験者に読み聞かせ、あとで被験者は架空の名前が再び提示されたとき、架空の姓を思い出すように求めました。そのテストは、さまざまな状況で調査する実験計画が組まれたもので、**延長型スケジュール（expanding schedule）**の検査もその一つでした――この延長型スケジュールでは、短い遅延時間の後、まず記憶テストが行われ、その後、その間隔が徐々に伸びてゆきます。延長型スケジュールとしては、直ちに、最初のテスト（たとえば、ジャック・デイビスを提示し……）が始まり、三つの介在項目のあとに、二回目のテストが入ります（たとえば、ジャック・デイビス、ジム・テイラー、ボブ・クーパー、ジョン・アーノルド、と提示したあとに、ジャックという言葉を示し、姓を聞くテストが続くという具合です）。その後、さらに十個の介在項目のあとで三回目のテストが提示されます。この研究では、ランダウアとビョークは、どの検索練習（retrieval practice）も、何も練習しないコントロールに比べて有益であることを見出しました。しかし、最良の結果は、この延長型スケジュールで観察され、練習をしない項目のおよそ二倍の再生成績でした。

延長型の検索練習は、学生にとって優れた方略です。努力や創造性はそれほど必要なく、しかも、ほとんどどんな対象にも適用することができます。

間隔伸長法学習の利点

間隔伸長法学習の長所に関連したある概念があります。新しい情報を学習しようとする場合に、集中的に意識を投入することは自然なことかもしれませんが、この方略が正しくないことが再三指摘されています。間隔を置く学習トライアルの長所は、エビングハウス

（第1章参照）によって観察されました。エビングハウスは、研究のセッションを三日間に分散させると、無意味音韻のリストを思い出す際に要する時間を約半分にできるということを発見しました。事実、学習すべき対象を二度、間隔を置いて提示すると、間隔を置かないで集中的に二度提示する場合に比べ、二倍の効果がありました。

バーリックとヘルプス（Bahrick & Phelps）は、間隔伸長学習効果が信頼のおけるものであることを証明しました。彼らは、スペイン語の語彙を学習・再学習した人の八年後のパフォーマンスをテストして比較検討しました。一方のグループは、最初に学習してから、三〇日間の間隔を開けて、その語彙を再学習し、もう一方のグループは、同じ日に最初の学習と再学習を行っていました。八年後、三〇日の間隔を開けて学習、再学習を行った被験者の記憶のパフォーマンスは、同じ日に学習と再学習を行ったグループより、二五〇％高い水準を示しました。

意味と記憶

第1章からたびたびみてきたように、意味は記憶に大きな影響を及ぼします。もし、記憶の基本原理を発見したいなら、単純な、系統的に構造化された研究対象について研究することが必要となるとエビングハウスは言っています。エビングハウスは多くの時間を費やして、無意味音節の研究を行いましたが、記憶対象の学習と保持は意味に影響されるということを認識していました。

第1章でみたように、エビングハウスは子音、母音、子音と並ぶ音節をつくりました。この子音—母音—子音の三重字には、短い言葉、あるいは、意味をなす言葉の一部を構成するものもありましたが、ほとんどは、意味をなさない音節でした。エビングハウスは、そうした音節のリストをつくり、それらを順に覚えました——それらを完璧に覚えるにはしばしば多くのトライアルが必要でした。音節を覚えるペースが比較的ゆっくりであったのとは対照的に、詩のような意味ある記憶対象の習得は、驚くほど早かったのです。

バウアーらがドルードル[*5]（たとえば、単純な線描の無意味画）の記憶について行った比較的新しい研究により、まったく目新しい対象を再生する場合の意味の重要性に関する証

＊5　ドルードル（droodles）
一九五〇年代からアメリカで親しまれてきた絵解きあそびのこと。シンプルな絵にあらかじめ与えられたタイトルをあてる。droll（ふざけた）と doodle（いたずらがき）の複合語。

明がさらに進みました。何人かの被験者に対して、それぞれのドルードルの意味（たとえば「象が一輪車に乗っている」）を与えました。ドルードルの意味が与えられた被験者（七〇パーセント正答）が、意味が与えられなかった被験者（五一パーセント正答）より、記憶に基いて絵をはるかに上手にスケッチすることができることをバウアーらは報告しました。

外部記憶装置

現在、私たちは、多くのコンピューターやＰＤＡ端末[*6]（personal digital assistant）、携帯電話、ボイスレコーダー、日記、覚書、会社なら報告書、学校なら講義ノートなど、人工的な**外部の**記憶の補助装置を使うことができます。外部の記憶補助装置の最も古典的な例は、おそらく、ハンカチの結び目です[*7]。これは、具体的な情報そのものを教えてはくれませんが、記憶システムを探索して、ある大事な情報を思い出す必要があることを、私たちに教えてくれます。

二十一世紀の人工的外部記憶補助装置はとても高性能で、きわめて申し分のない機能を

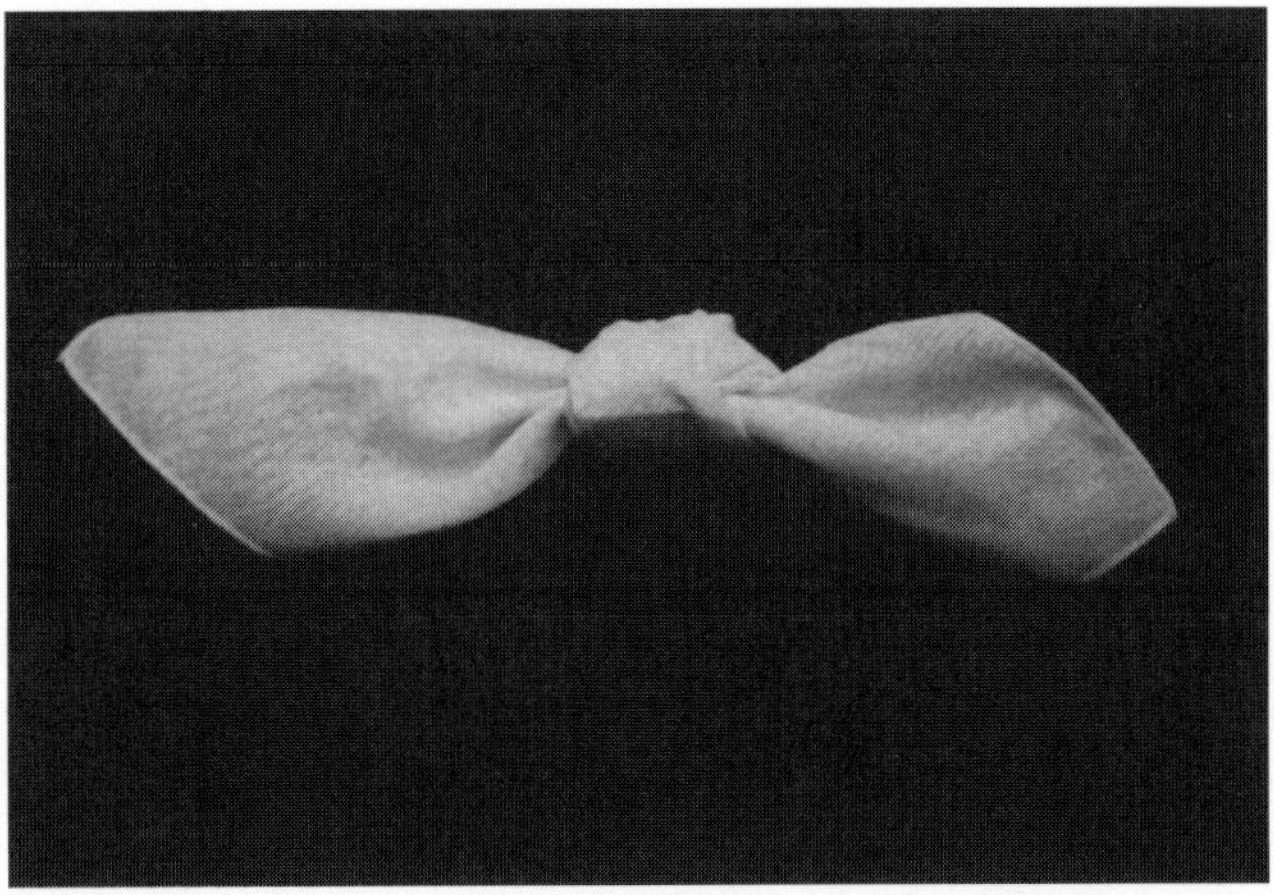

図21． おそらく、最も古い外部記憶補助装置はハンカチの結び目です。この記憶術は私たちに、具体的な情報を提供しませんが、私たちの記憶システムを探索して、ある大事な情報を思い出す必要があることを、私たちに教えてくれます。

発揮します――（たとえば、学校の試験などで）そのツールが手元にない、あるいは携帯できないときは例外です。もし、私たちが、人工的外部記憶補助装置に頼らずに、記憶を向上させたい場合、この章でこれまで概説した原理を使うのはもちろんですが、いわゆる「並はずれた記憶力（exceptional memory）」の持ち主のお手本にあやかりたいと願うかもしれません。彼らは、しばしば「記憶術（mnemonics）」と呼ばれる特別な方法を用います。

記憶術

記憶術は、記憶しやすくするために

情報を体系化する方法です。一般には、コード、視覚的心像、リズム（ときにはこれらの組み合わせ）を用います。「場所法」と「ペグワード法」という二つの十分に確立された方法があります。

場所法

記憶術の最も古いものは、場所法[*8]で（method of loci）、古典文化の時代から現代まで受け継がれてきました。この方法には、一連の、熟知していてしかも区別できる場所（loci）を知っていることが必要です――学生の場合は学校や大学の建物の周辺の場所を利用してもよいでしょう。おぼえたい第一の項目を、（心の中にイメージを浮かべて）この最初の場所に思い浮かべ、次の項目は二番目の場所に思い浮かべるなどです。その後、この情報を想起（再生）する場合は、心の中でその場所に立ち戻り、初めに思い浮かべたそれぞれのイメージを再体験します。研究により、この方法が非常に効果的であることが示されてきましたが、イメージをつくるのに適切な場所や対象がない場合には、その利用が制限される可能性があります。

この方法の起源は、次のように伝えられています。紀元前五〇〇年頃に、古代ギリシャ

図22. 場所法は古代ギリシアではじまった記憶術である。

詩人のシモニデス（Simonides）[*9]が祝賀会を開きました。賛辞を述べたあとすぐに、彼は呼ばれて席を外しました。これは彼にとっては思いがけない幸運の巡りあわせとなりました。彼がそこを離れたすぐあとに、祝賀会が行われていたホールの床が陥没し、出席していた多くの賓客が負傷あるいは死亡しました。その悲劇の遺体の多くは、伝えられるところでは、親戚の人にも識別が不可能なほど、見分けがつかない状態でした。しかし、シモニデスは、彼が祝賀会のホールを離れるそのときに、来客が座っていた場所をほとんど、簡単に思い出すことができました。これにより、遺体の識別がしやすくなりました。

この経験から、シモニデスは、普遍化した記憶術を考案したといわれています。その方法では、部屋や建物を非常に詳しく心に想い描き、覚えるべき対象や情報の一つ一つを、特定の場所に置いた状態を頭に思い浮かべることを必ず行いました。シモニデスはその項目が何かを思い出したくなった時はいつでも、その部屋や建物を歩き回り、その項目の「拾い集め」、すなわち、思い出したい情報の収集を行いました。この暗記方法は、キケロ[*10]（Cicero）のような古典時代の雄弁家に広まりました。キケロは演説のために非常に長い台本を思い出さねばなりませんでした。現在でもこれが使われています（たとえば、しばしば一連の項目を特定の順番で覚えることが必要となる結婚式でのスピーチなどです）。この方法は、特定の場所に「置く」ことのできる物の名前のように、具体的な言葉の場合に、特に十分に効果を発揮します。しかし、抽象的概念をあらわすイメージを創造し、それを適切な場所に置くことができるなら、「真実」「希望」などの抽象的な言葉にも有効です。

ペグワード法

場所法は、その後、ペグワードの構造における音声の記憶術を用いて、さらに使い勝手の良い、ペグワード法[*11]（pegwords）へと発展しました。ペグワードは、1は丸パン、2

は靴、3は木、4はドア、5はミツバチの巣箱、6はステッキ、7は天、8は門、9はワ

＊6　PDA端末（personal digital assistant）
個人情報端末ＰＤＡはスケジュールや住所録、メモなど比較的限定した機能を扱うための携帯型小型機器のことを指していた。近年、スマートフォン、タブレット端末の出現、クラウドコンピューティングの発達とともにインターネット上に様々な大量の情報を電子データとして保存し、どこにいても端末を携帯している限り随時検索し出力することが可能となり、情報保存・出力の形態が大きく変わりつつある。ヒトがこれまでおこなってきた脳の記憶機能の大部分も、ＰＤＡが代行することが可能になる。これにより人は自ら記憶しなくてもよい知識や機能が著しく増加し、時代とともに人の記憶すべき内容も変化して行く結果、ヒトの記憶機能もどのように変容（進化、あるいは退化）してゆくのかが興味のあるところである。

＊7　ハンカチの結び目
英国などでは、手紙の投函など、やらなければならないことがある場合、備忘のためにハンカチに結び目をつくっておいて忘れないようにする慣習がある。ＴｏＤｏの古典版である。これから行おうとしていることを覚えておくことは展望記憶（ｐ204参照）にあたる。それを見るのを忘れる場合や、結び目の意味を忘れると意味をなさなくなる。

＊8　場所法（method of loci）
普段から自分のよく知っている場所を選び、その場所のなかの特定の部分に記憶すべき項目のイメージを配置していく記憶法。

＊9　シモニデス（Simonides）
（紀元前五五六頃―四六八頃）ギリシャの叙情詩人。ケオス島生まれ。

＊10　キケロ（Cicero, Marcus Tullius）
（紀元前一〇六―四三）ローマの政治家、雄弁家、著作家、哲学者。

＊11　ペグワード法、ペグワード記憶術（pegword mnemonics）
あらかじめ番号の数字と同じ韻を踏む具体的なもの（one〈ワン〉―bun〈バン〉、two〈ツー〉―shoe〈シュー〉、three〈スリー〉―tree〈ツリー〉など、これをペグという）を覚えておき、記憶したい項目とペグとをイメージでつないでいく方法。

イン、10はにわとり、です。買い物リストを覚えなくてはならないとします。リストの最初の言葉は「バースデイカード」です。ペグワードを用いて、一番目の丸パンに関連するイメージに関係づけます。バースデイカードの上に鎮座している丸パンのイメージを想像してもよいでしょう。もし二番目の言葉が、「オレンジジュース」ならば、ジュースを靴の中に注ぎこむことを想像してもよいのです――概して、イメージが異様であるほど、この方法は有効に機能するようです。この方法は、（あるルートを形成する道路の名前の場合など）特定の順序で物事を思い出す必要がある場合、特に有用です。

場所法の場合と同様に、この方法は、さまざまな対象を覚えるのに用いることができます――覚えたいものの呼び出しと記憶の関連づけを行って、それぞれの項目をペグワードにリンクさせるだけでよいのです。**ペグワード記憶術（pegward mnemonics）**は、場所法より、イメージ記憶術の中ではより融通のきく使用法で、劇的に効果をもたらしえます。事実、これは、プロの記憶増進法の基礎を形成しています。ペグによって記憶手がかりにアクセスすることを容易にし、一方で、イメージの利用が、こわれにくい視空間連想によって、想起するための手がかりとその項目を結びつけているのです。

つまり、この方法では、場所法における「場所」に代わって、思い出しやすいペグワードが使われるのです。この方法は視覚的心像が基礎になっていることには変わりはありませんが、ペグワード法を用いることによって、私たちは1から100までの数字にあたることばを学習できます。単純な押韻規則に従って、ペグワードと数字は強く関連づけられており、ペグワード自体も容易に覚えられるように考案されています。

その他にも、ペグワード法を利用したイメージ記憶術が発展してきました。たとえば、モリスと、ジョーンズとハンプソン（Morris, Jones & Hampson）は、何人かのプロの記憶の名人が推奨する方法を検証しました。名前を覚えるのには、まず、名前をイメージしやすいペグワードの形に変換します。たとえば、ゴードン（Gordon）という名前の場合は「garden（庭）」ということばに変換することができます。そうすると、ある garden（庭）をイメージし、それを、そのペグワード手がかり（garden〈庭〉）と、思い出すべき項目（Gordon という名前）とを結びつける、その人物の顔と重ねます。この方法では、その人の顔を見たときに、ペグワード手がかりの「garden〈庭〉」を、「Gordon」に読み替えることができるのです。この記憶術によると、名前の学習の場合に、全体では八〇パーセントの成績改善が達成できることをモリスとジョーンズとハンプソンは発見しました。

同様の方法が、グルンベルグ（Gruneberg）により開発された**リンクワード・システム**

（Linkword system）などの言語学習に発展してきました。この方法では、イメージしやすく音声の似ている英単語に、外国語を転換します。それから、その外国語の実際の意味を呼びだすためのイメージを形成し、その語とリンクさせます。たとえば、rabbit（ウサギ）という言葉にあたるフランス語は *lapin* ですから、誰かの lap（ひざ）に座っている rabbit（ウサギ）をイメージします。

最近の出版物で、ワイルディングとバレンタイン（Wilding & Valentine）は、記憶力チャンピオンや記憶のエキスパートの学習について記述し、彼らの多くは、自ら、記憶を増進する方法として心像の真価を発見したのだと述べています。心像を用いることは記憶の改善には本質的なことではありませんが、どちらかというと表面的に無意味で、無関係な学習対象が、それによって、より意味のある関連の深い対象となる強力な学習手段となり、この結果、より記憶が容易になるのです。

言語的記憶術

場所法のような古典的記憶術は視覚的心像に依存していましたが、その後、言語的記憶術が発達しました。たとえば、リストの単語を関係づける簡単な方法は、ストーリーをつくることです。リストの単語をつないでストーリーを作るよう被験者に教示すると、その後の単語の再生成績が改善するという研究が示されました。加えて、「三〇日あるのは九月、四月、六月、十一月……（30 days hath September, April, June and November.....）」のような韻文を多くの学生が知っていて、ここではリズムと音韻が再生（想起）を助ける構造になります。

言語的な対象を利用する記憶術はたいてい、**還元コード（reduction code）**と**精緻化コード（elaboration code）**のどちらか一方を利用するものになります。還元コードは情報量を減らすものです（たとえば、三角法（三角関数）の規則を覚えるために、私の父は、SOHCAHTOA[*12]という無意味語を使用することを学校で教わりました）。一方、精緻化コードは、情報量を増す、あるいは、同じ情報を意味あるものに再コード化するものです（同

*12　**SOHCAHTOA**
SOHCAHTOA は Soh-Cah-Toa，ソーカトアと発音。順に SOH（Sine equals Opposite over Hypotenuse），CAH（Cosine equals Adjacent over Hypotenuse），TOA（Tangent equals Opposite over Adjacent）．三角関数 sinθ = O/H, cosθ = A/H, tanθ = O/A,（底辺 A，斜辺（直角三角形の対辺）H，底辺と斜辺のなす角 θ，残るもう一辺（高さをなす辺）O）。直角三角形の一辺の長さと、残りの二辺のいずれかが分かると、この三角法を使って三角形のすべてが決定できる。角の反対側は対辺、この角と直角の間の辺は隣辺、直角に向かい合う辺を斜辺。斜辺（H）hypotenuse 対辺(O) opposite 隣辺(A) adjacent の頭文字を用いた暗記法。

じ三角法（三角関数）を学習するのに、私は、Some Old Horses Chew Apples Heartily Throughout Old Age という表現を利用することを学校で教わりました）。精緻化コードのもう一つの例は、Richard Of York Gave Battle In Vain（ヨーク家のリチャードは攻撃したが敗戦した）という単語の最初の文字を利用する記憶法で、これは、それぞれの単語の最初の文字を対応させせて虹の七色を記憶しやすくします（虹は、Red〈赤〉、Orange〈オレンジ〉、Yellow〈黄色〉、Green〈緑〉、Blue〈青〉、Indigo〈藍色〉、Violet〈スミレ色〉）。

還元コードも精緻化コードも、もとの情報源となる学習対象より、記憶しやすい情報を創作する符号化の方法です。この方法が、たとえば、歴史の年代を記憶するために利用されてきました。もし、ワーテルロー[*13]の戦いの一八一五年など、ある特定の年代を覚えるのが困難である場合に、そのままおぼえるのではなく、アルファベットの文字を割り当てることにより、ＡＨＡＥと再コード化することができます。これは無意味語ですが、数字自体よりもその人にとって意味のある内容にすることができます（たとえば、「An Historic Attack（in）Europe（ヨーロッパの歴史上の戦い）」などの頭字語（acronym）を作ることができます）。もちろん、どの記憶術も同じですが、わざわざ記憶術を持ち出して利用する時間と労力と、その記憶術を用いることが記憶に貢献する見込みとを秤にかけてみることが必要です。

還元コードと精緻化コードを一緒に使うこともできます。たとえば、医学生の頃、私は、十二[*14]の脳神経の名称の先頭の文字（O、O、O、T、T、A、F、A、G、V、A、H）を抜き出し、その文字を、精緻化コードとして（記憶に残りやすい）卑猥な一節（韻文）に変換し、コードを介して覚えることを教わりました。この約二十五年たって、この本を書いている今も、もとの情報（十二の脳神経の名称）に変換し直すのには少し苦労しますが、その一節はまだ思い出すことができます。この例は、記憶術というものの耐久性を証明するものですが、「記憶術のコード（暗号）」がもとの学習対象と関連づけができなくなるという問題点をも明示しています。つまり、いくつかの記憶術は、もとの学習対象にすぐアクセスできる場合には最適に機能することになりますが、ただそのためには適切

＊13　ワーテルローの戦い（Battle of Waterloo）
ナポレオン一世が、ベルギーのブリュッセルの南東に位置するワーテルローで、イギリス軍とプロシャ軍の連合軍と戦い、敗北した。その後、ナポレオンはセントヘレナ島に流される。

＊14　十二の脳神経（twelve cranial nerves）
脳から主に頭部に直接出ている末梢神経で、十二種類ある。嗅神経、視神経、動眼神経、滑車神経、三叉神経、外転神経、顔面神経、内耳神経、舌咽神経、迷走神経、副神経、舌下神経。本文中には英語での記憶法が記載されているが、日本の医療系学生などの覚え方に、「嗅いで視る、動く、車に、三つ、の外、顔耳のどに迷う副舌」などがある。

に、組立て、配列することが必要です。

この他、十分に学習された情報は、事実や刺激を記憶する補助に利用することもできます。たとえば、音楽の才能のある人は、特定の言葉を、聞きなれた曲に対応させることによって、その単語の記憶を強化することができるかもしれません。この方法は学生が、生化学的経路などの複雑な順番を覚えたり、精密な構造的、概念的枠組み（たとえば、異なる神経解剖学的構造の相互関係など）を記憶したりするのに、用いられてきました。数字の魅力の虜となっている人は、ときに、アラビア数字の文字列に、豊かな個人的連想を結びつけている場合があります。こうした場合、その連想を長期記憶に貯蔵することができ、これにより、個々の数字としてではなく、（もちろん、思い出すべき数字の文字列が、長期記憶の中にすでに蓄えられた数字の「チャンク（chunk）」[*15]に結びつけられる場合に限ります）一組の「チャンク」として、長い数字の文字列を簡単に思い出すことができます。たとえば、数字や算数に興味がある人が、円周率（π）の最初の四つの数字が、3.142であるというのを暗記していれば、この情報を、他の数字をあとで思い出せるよう暗号化するのに用いることができるかもしれません。

名前を覚える

本書を通して見てきたように、私たちが何かを覚えられるかどうかの決定には、意味が重要な役割をもっています。名前を覚える場合を考えてみてください。自分は物覚えが悪いと思っている人は、一般に、名前を覚えることが苦手だと思っています。事実、誰でもたいてい、新しい名前を覚えるのは苦手です。初めての人に紹介されたとき、私たちの気持ちは他のこと（たとえば、その時進行している会話）に奪われています。そのために、私たちはしばしば、その人の名前に注意を払うことができません。だから、私たちはそのときは、その人の名前を呼んだり、名前について考えたりすることはなく、ずっとあとになって、名前が記憶に残っていないのに気がつきます。最初に紹介されたときに、その人の名前に十分に注意を払い、その人に向かって名前を繰り返すことによって、人の名前の

＊15　チャンク（chunk）
ミラーが提唱した概念で、まとまりのある情報のかたまりのこと。人が一度に保持可能な情報量は限定されているが、チャンク化（chunking）（情報を一つの意味のあるグループのチャンクにまとめること）によって、より簡単に記憶可能となる。

記憶を確かなものにすることができます。

しかし、名前を覚えることについては、単に名前に注意を払わないとか、その人の名前をすぐには使わないということ以外に、もっと多くの問題があります。コーエンとフォークナー（Cohen & Faulkner）は、被験者に架空の人についての情報（名前、出身地、仕事、趣味）を提示しました。被験者は、名前より、その他の属性（出身地、仕事、趣味）の情報をよく記憶していました。なぜでしょうか？ これは単に、名前がなじみのない言葉だからというわけではありません。多くの名前がありふれた名詞でもあるからです（たとえば、ポッター[*16]、ベイカー、ウィーバー、コックなどです）。被験者がある単語のリストを学習する系統的な学術研究が、行われました――しかし、その単語は、あるときには、人の名前として、別のときには職業として提示されました。明らかに、その同じ単語の記憶について、名前として提示されたときより、職業として提示されたときのほうがはるかに記憶の成績がよかったのです。そうです、名前としてカーペンターさん（Mr. Carpenter）だというより、職業が大工（carpenter）だというほうが覚えやすいのです！

とはいえ、本当の意味を含んだ単語の人名は（単語としてすでに覚えている可能性が高いという意味で）「意味を持つ単語ではない」人名より、有利な点があります。人名に意味を含んだ（意味的な〈semantic〉）連想が欠如していることは、覚えるのが難しい理由の一つになるかもしれません。意味をもつ単語（Baker〈パン屋〉など）を人名として提示するほうが、意味のない名前（Snodgrass など）より、覚えやすいということを、コーエンは明らかにしています。しかし、二十一世紀の現在、名前は、しばしば、意味をもたないものとして扱われています――人の名前が、職業や、物であったりすることにふと気づいて、ハッと驚くことがあるでしょう（たとえば政治指導者の名前、サッチャー[17]〈Thatcher〉やブッシュ[18]〈Bush〉などです）。事実、特に再生練習を加えた場合には、人名の意味に注目することは、その人名の記憶を改善するということがわかっています。風貌とその人の名前の間の関連づけができれば、さらにその人の名前の記憶を改善することができます――特に、もし、特長のある目立った視覚イメージを私たちがつくることがで

＊16　ポッター（Potter）、ベイカー（Baker）、ウィーバー（Weaver）、コック（Cook）
それぞれ、陶工、パン職人、織物工、料理人という意味の語だが、人名にもなっているもの。

＊17　サッチャー（Thatcher）
英国の首相マーガレット・サッチャー（在任一九七九―一九九〇）などの人名だが、thatcher は屋根葺き職人の意味をもつ語。

＊18　ブッシュ（Bush）
アメリカ大統領ジョージ・ブッシュ（第四十一代）などの人名だが、bush は茂み、灌木の意味をもつ語。

きればなおさらです。たとえば、もし、ジャックという名前の俳優に似たジャックという名の人、あるいは、すばらしい服を身につけたテイラー（仕立て屋）という人に出会ったとしたら、私たちはその連想を利用して、その人名に関する記憶をより確かなものとすることができるでしょう。

自己の記憶をふり返る

メタ記憶とは、自分自身が記憶しているという認識のことです。自分が物事をいかによく覚えているかの判断は、どれだけ正確なのでしょうか？　これを考えることは重要なことです――もし、私たちが、学習対象についての自分の記憶が、いかに十分か（あるいは不十分か）適切に判断できたら、私たちは、その知識を用いて次の学習のプランをたてることができ、余った時間を、十分に学習できていない学習対象に割くことができます。客観的な証拠をみるとどうでしょうか。学習対象を学習後すぐに、判断が行われる場合は、将来の記憶パフォーマンスを予測することはどちらかというと困難と考えられています。一方、しばらくたって判断が行われる場合、比較的正しく予測できるようです。さらに、別の研究によると、学習状況によっては、被験者は、学習時間の予定を組む場合、熟知し、または特に興味のある領域に重点を置き、骨の折れる領域を軽視する傾向が強いことを示唆しています。この研究結果から、効果的に覚えようとするなら、私たちは、意識的に、学ぶべき内容全体を見渡して、時間を系統的に組み立てる必要があるということがわかります。

完璧な記憶力をもつ男

幸福とは、すこやかな身体と忘れっぽいことにほかならない

アルバート・シュバイツァー*19

人は、よく、「完璧な記憶力」を望むものです。しかし、次に紹介する話は、忘れるこ

＊19　シュヴァイツァー（Schweitzer, Albert）
フランスの神学者、音楽家、哲学者、医師。布教活動を目的に一九〇五年から医学を学び、一九一三年に医師となり、赤道直下のアフリカに渡り、ランバレネで現地人への伝道と医療に奉仕した。一九五二年にノーベル平和賞を受賞。

とが「できる」ことが、いかにしあわせであるかを教えてくれます。シェレシェフスキー(Shereshevskii「S」)の話は、ルリアの著書『Mind of a Mnemonist』で報告されていますが、Sには、驚くべき記憶力があり、その記憶は大いに心像(イメージ)に依存していました。彼は、**共感覚**[*20]**(synaesthesia)**と呼ばれる特異な驚異的な現象をもっていると考えられました。共感覚とは、ある特定の刺激が珍しい感覚体験を引き起こすというものです。これをもつ人は、特定の音を聞くと、特定のにおいを感じたり、ある数字を見ると、特定の色が見えてきたりします。

Sがその存在を最初に発見されたのは、ジャーナリストだった彼について、編集長が、目的の記事の調査に入る前に与えられた指示を彼が並外れてよく覚えていることに気づいたためでした。事実、Sは、明らかに意味の含まれていない情報でもほぼ完璧な再生ができるようでした。どんなに複雑な指示を受け取ろうと、彼はまったくメモをとる必要がなく、自分に言われたことは一語一句何でも反復することができました。Sはこの能力を当たり前のことと思っていたのですが、編集長は彼を説得して、心理テストを受けさせるために心理学者のA[*21]・R・ルリア(A. R. Luria)に紹介しました。ルリアは、段階的に複雑になる一連の記憶課題を用意しました。それには一〇〇個以上の数字のリストに、無意味音節の長い文字列、知らない言語の詩、複雑な図形、込み入った科学の公式が含まれていました。Sはこの提示された項目を完全に復唱するばかりか、その情報を逆唱するような課題も可能でした。数年後になっても、彼はその情報を再生することができました。

あまり努力をせずとも、おそらく共感覚に基づいて、視覚やその他の感覚の連想を豊富に呼び出してくることができることに、Sのずば抜けた記憶能力の秘密があると考えられました。他の人にとっては、つまらなくて、退屈にみえる情報でも、Sにとっては、視覚的にだけではなく、たとえば音声や、触覚や、匂いといった生き生きとした多様な感覚体験を生みだしている、ということです。このためにSは、どんな情報も非常に豊かで精巧なやり方で、符号化し貯蔵することができました。

普通の人は、Sのように、ほとんど完璧な記憶力をもつことはなんとすばらしいことだろうと思うかもしれません。しかし、（概して）私たちは自分にとって重要であることを

＊20　共感覚（synaesthesia）
一種類の感覚受容器のモダリティー刺激を与えたとき（例：ある音程の音を聞く）、別の感覚モダリティーの感覚体験が生じる（例：その音に色の感覚が随伴し、色が見える〈色聴〉）。匂いや味に色を伴うこともある。（文献(2)、(28)、(32)）

＊21　ルリア（Luria, Aleksander Romanovich Luria）
（一九〇二―七七）ロシアの神経心理学者。神経心理学の草分け。

記憶し、重要でないことは忘れる傾向があるという点では、実際は、忘れることは、きわめて理にかなったことです。つまり、一般的に、私たちの記憶は、自分で完全にはすべてを記憶しないように、篩《ふるい》やフィルターのような仕組みが強く働いているようです。これに対して、Sはほとんどすべてのことを覚える傾向があり、その人生はきわめて悲惨なことになりました。Sにとっての重大な問題は、(人とのむだ話などの)新しい情報が、彼にとっては、コントロールできない連想がスタートし、あちこちに気が散る事態になるようであったということでした。ついにはSは、ジャーナリストとして仕事をすることはもちろん、会話をすることさえできなくなりました。

しかし、Sは専門職としての記憶術師となり、並はずれた技能をステージで披露しました——そうして、彼は、その才能を利用して生計を立てました。しかし、彼は、ステージのパフォーマンス中に再現した抽象的な情報をどうしても忘れることができず、彼の記憶は、自分に必要ない、むしろ忘れるほうがよい、あらゆる種類の役に立たない情報で、どんどん混乱してゆきました。

試験・テスト時の勉強法のアドバイス

記憶は、われわれの思考の明瞭さ、秩序、道理に大きく依存している。記憶が十分でないことを嘆くものは多いが、問題はその思慮分別にある。そして、さもなくば、すべてを得ようとして、すべてを失うのである。

トーマス・フラー[*22]

・注意が散漫にならない学習環境を選びなさい。そうすれば、その環境からくる気の散る原因に左右されず、学習の目的となる情報に集中できます（記憶成績をよくするために、学習の標的となる対象に注意を払い、適切に符号化することが重要です。――これは、この章のはじめに述べました）。しかし、学習に

＊22　トーマス・フラー（Thomas Fuller）　イギリスの神学者、警句家。多くの名言を残している。

適したここちよい環境を作るのに、音楽が一役買うこともあります。ただし、（おそらく、注意散漫にかかわることですが）よく聞きなれた音楽が、初めて聴く音楽より効果があります。これと関連した点では、できるだけ意欲的に記憶したい情報の符号化に専念することです――たとえば、教科書を読むときは、その作家に、直接あなたがその作品について質問している姿を思い浮かべなさい。そこで語られていることを、すでにあなたが知っていることに結びつけるようにしましょう。

・あなたが今学習している領域において、いろいろな概念や事実や法則の間の関連について考えてください（これは、試験の準備として学習対象について学ぼうとするときだけではなく、試験の本番で質問に答える際にも役立つでしょう）。

・あなたが学習しようとしていることについて広範囲に考えを巡らせ、あなたの日常生活の中の問題、つまり、あなたが個人的に遭遇した問題にそれを当てはめイメージするよう努めてください。

・新しい学習対象をあなた自身やあなたの興味の対象に、できるだけ、丁寧に関係づけなさい。そうすれば、試験のとき、その情報を再現することがよりよくできるでしょう。

・前のポイントに関連して――**受け身**でなく、**能動的**に学習しようと努めなさい。学習する最良の方法は、それを教えることだとよくいわれます。自分以外の誰かにその情報を伝達するためには、あなたが、それを再現できなければなりません――これには、まさに受け身ではないだけでなく、理解することが必要になります。言い換えれば、助け舟なく、自発的に、この解答を再現できる、あるいは、その学習対象を、自分自身や他の誰かにわかりやすく説明できるのでないかぎり、正しい解答がわかったからといって、すぐに、学習を次に進めてはいけません（ほかの学生とグループを作って学習することはこうした点で有効です）。

・情報の体制化は二つの面で役立ちます。①学習する内容を体制化することによって、その情報の断片の再生が、全体の再生につながります。また、②新しく学習した学習対象を、その人のもともっている知識構造に関係づけることにより、新しい学習対象の理解が容易になります。
・練習もまた大事なことです――「総時間仮説（total time hypothesis）」の効果を、完全には無視することはできません。この仮説は（他の条件が同じなら）学習成果は練習量に依存するというものです。これは、事実や理論、ダンスの動作や外国語を学ぶ場合にも当てはまります。しかし、この章のはじめに述べたように、（試験のための一夜づけといった）マラソンのような長時間の学習セッションで一度に練習をすることは学習の方法としては効果的ではありません――（間隔伸長法のような方法を用いて）少しずつこまめに、練習するほうがはるかに優れた学習戦略です。
・生活の中の空き時間を効果的に利用しなさい（たとえば、バスを待っているときに、覚える学習材料があれば、その時間をむだにせず有効に利用しなさい。カードのメモ、ノートパソコンやタブレット端末や携帯電話を用意しておき、メモをとったり、連想を巡らし、メンタルマップをつくったり、これから覚える学習対象のためのあなたの記憶機能をリフレッシュしたりしなさい。

・ブランスフォード（Bransford）らは研究結果をもとに、「転移適切処理（transfer appropriate processes）」と「符号化特殊性（encoding specificity）」（第3章参照）をとても重視しています。この原理では、学習課題で重要なことは、いかにテスト状況のなかに知識を「持ち込む（transfer）」かということです。この見解によると、――本番のテストで記憶成果を最大限に発揮できるように――本番のテストや試験の状況においてやるべきことの模擬的作業を学習中に行うことが肝要です。

・これに関連して、疲れているときに学習してはいけません。（たとえば、何も置かれていないテーブルや机に腰をかけて）からだも気持ちもできるだけ試験のときと同じような状況で、復習をするようにしなさい。つまり、頭が疲れているときよりハッキリしているときのほうが、情報への注意が高まり、情報の符号化をさらに豊かにすることでしょう。

・身体的、感情的文脈の一貫性に関係して、文脈の変化が再生にいかに不利な影響を及ぼすのかを第3章で見てきました。事実、情報を学習した文脈を（心像などで）頭の中で再現してみれば、のちの再生を増強するのに役に立つ可能性があります。

・最後に、これも重要ですが、記憶力を増進するためには、視覚的心像と（この章で概説した）記憶術を用いることが重要です。

・ここでの全般的なメッセージは、優れた記憶力には、高い水準の注意、モチベーション、記憶の体制化が必要であり、言いかえると記憶力はその人の個人的な関心に左右されるということになります。

最後に

記憶は私たちの日常の暮らしの中の多くの局面において、なくてはならない役割を果たしています。事実、記憶することがなければ、多くのその他の重要な知的能力は（言語、慣れ親しんだ事物の識別、社会的関係の維持など）機能しえません。本書を読んでいただいたことにより、（残念ながら普段私たちは「記憶」とひとことにまとめてしまっていますが）記憶は単一の能力というよりは、複数の能力の集合を表象していることがおわかりいただけたことでしょう。さらに、記憶は、単に受け身の貯蔵容器でないばかりか、私たちの日常の出来事に関して必ずしも偽りのない真実の記録をするわけでもありません。記憶は、コインの裏表のように長所と短所を併せもった、**積極的**で、**選択的**なプロセスです。本書で見てきたように人間の記憶は多くのあやまちを犯しがちです。同時に、私たちの記憶は、生活のなかで重要な出来事は記録する傾向があります。記憶に関する明確な特徴として次の七つが挙げられるでしょう。

1　記憶は人にとって不可欠である。理解、学習、社会的関係、その他生活のさまざまな局面で重要な役割を担っている。

2　過去の出来事や情報があとになってその人の考えや感情や行動に影響を及ぼす場合は、その過去の出来事や情報の記憶が存在する必要がある。（過去の出来事の記憶を自覚する必要はなく、その出来事が起こったときさえ、それに気づいていなかったかもしれない。意図的に思い出すことも必要でない。）

3　記憶は、自由再生（free recall）、手がかり再生（cued recall）、再認（recognition）、親近性（familiarity）、その他のプライミング（priming）や身体的な動作といった行動的変化を通じて観察される。

4　異なる種類の記憶が、特定の操作や変数によって、それぞれ異なった影響を受けるという研究結果から、記憶は、単に、一つのシステムや一種類のプロセスではなく、多くの要素を含むと考えられる。

5　記憶の研究が困難なのは、観察可能な行動から推測しなければならないためである。

6　記憶は、過去の出来事に関する事実や真実のコピーではない――出来事が起こるときに記憶は人により組み立てられる。記憶することは、出来事や情報の再構成を意味する。

7　心理学者は、記憶に影響を及ぼす変数に関する理解を深めてきたが、まだ探求すべきことが多く残されている。それでも、情報を学習し覚えることに役立つように、効果的な記憶術の方略を用い、適切に努力することによって、私たち一人一人が自身の記憶の賢明なユーザーとなることができる。

文献案内

〈入門書〉

Alan D. Baddeley, *Essentials of Human Memory* (Psychology Press, 1999).
引用文が豊富で、一般読者対象に、記憶をわかりやすく概説。著者はこの領域の国際的な専門家です。各章に文献案内が掲載されています。

Tony Buzan, *Use Your Memory* (BBC Consumer Publishing, 2003).
この分野で多様な著書があり非常に評判の高い著者が、記憶術のテクニックの概説をしています。

Michael W. Eysenck and Mark T. Keane, *Cognitive Psychology : A Student's Handbook* (Psychology Press, 2005).
記憶容量に競合し、これに強い影響を与え、また、それ自体が人の記憶の作動特性により影響を受ける基本的心理過程（注意、言語、意思決定、推論など）を概説しています。

Daniel L. Schacter, *The Seven Sins of Memory* (Houghton Mifflin, 2001)
明快で、豊富な情報を盛り込みながら、面白く、人の記憶の長所と短所を検討しています。

〈より高度なテキスト〉

Gérard Emilien, Cécile Durlach, Elena Antoniadis, Martial Van der Linden, and Jean-Marie Maloteaux, *Memory : Neuropsychological, Imaging and Psychopharmacological Perspectives* (Psychology Press, 2003).

脳損傷や薬物の影響など記憶機能を仲介しこれに及ぼす生物学的プロセスを、神経画像研究から得られた洞察とともに、考察しています。

Jonathan K. Foster and Marko Jelicic, *Memory : Systems, Process or Function?* (Oxford University Press, 1999).

人間の記憶が理論的、実践的な意味でどのように概念化されるべきかという主要な論争について考察しています。

Endel Tulving and Fergus I. M. Craik (eds.), *The Oxford Handbook of Memory* (Oxford University Press, 2000).

記憶研究の分野の最高傑作。世界的な記憶研究者が分担執筆しています。

記憶に直接関係する基本用語の整理

【記憶の種類】

①記銘〈memorization〉……新しいことを印象付ける。新しいことを入力〈input〉すること

②把持・保持〈retention〉……記銘したものを貯蔵〈store〉すること

③再生（追想）〈recall〉……貯蔵したものを再生すること

④再認〈recognition〉……再生されたものが、記銘されているものと同じかを確認すること

【時間軸による記憶の分類】

Ⅰ・短期記憶

①感覚記憶〈sensory memory〉

1秒以内。感覚器で受け取った刺激情報を、そのままの形でごく短時間保持される記憶

②即時記憶（直接記憶）〈immediate memory〉

数秒～1分以内。経験した直後に再生できる記憶。記憶範囲という言葉で呼ばれることもある。一般に、短期記憶という言葉で呼ぶことが多い

③近時記憶〈recent memory〉　数分～数日

⇕遠隔記憶〈remote memory〉　数週、数カ月、数十年と、貯蔵期間が長く、記憶とし

て十分固定しているもの

＊作動記憶（作業記憶）〈working memory〉

短期記憶として、短期記憶と長期記憶の橋渡しをする働きをもち、ダイナミックな働きをもつ記憶。短時間の間で保持と処理を同時に行うことができる機能。本文にあるように、Baddeley は複数の異なる要素からなる階層的作業記憶システムを提案した。

Ⅱ・長期記憶

①陳述記憶（宣言的記憶）〈declarative memory〉（顕在記憶〈explicit memory〉）

意味のある表象を用いて第三者に伝達可能な形で再生しうるもので、意識的に想起できる記憶

①意味記憶〈semantic memory〉　②エピソード記憶〈episodic memory〉

（事実、言語、社会常識、専門知識）　（個人の生活史など出来事）

②非陳述記憶（非宣言記憶） non-declarative memory

（手続き記憶〈procedual memory〉：潜在記憶〈implicit memory〉に含まれる）

その内容を第三者に伝達が困難なもので、意識的に想起出来ない記憶

①技能記憶　②プライミング（呼び水効果〈priming〉）

文献

〈翻訳出版にあたり参考にさせていただいた著書および図書〉

(1)アイゼンク・M・W編　野島久雄、重野　純、半田智久訳　認知心理学事典　新曜社　二〇〇二（Michael W. Eysenck, Andrew Ellis, Earl Hunt, Philip Johnson-Laird. The Blackwell Dictionary of Cognitive Psychology. Basil Blackwell 1990）

(2)日本認知科学会編　認知科学辞典　共立出版　二〇〇二

(3)アメリカ精神医学会（ＡＰＡ）編　高橋三郎、大野裕、染谷俊幸訳　ＤＳＭ-Ⅳ-ＴＲ　精神疾患の分類と診断の手引き新訂版　医学書院　二〇〇六（American Psychiatric Association Quick Reference to the Diagnostic Criteria from DSM-Ⅳ-TR. 2000）

(4)井上令一、四宮滋子訳　カプラン臨床精神医学テキスト第2版　ＤＳＭ-Ⅳ-ＴＲ診断基準の臨床への展開　メディカル・サイエンス・インターナショナル　二〇〇四（Kaplan & Sadock's Synopsis of Psychiatry Behavioral Sciences/Clinical Psychiatry 2003）

(5)シェイクスピア・W　小田島雄志訳　ハムレット　シェイクスピア全集（白水ブックス）白水社　一九八三

(6)シェイクスピア・W　小田島雄志訳　ヘンリー五世　シェイクスピア全集（白水ブックス）　白水社　一九八三

(7)シェイクスピア・W　小田島雄志訳　リチャード二世　シェイクスピア全集（白水ブック

ス) 白水社 一九八三
(8)シェイクスピア・W 小田島雄志訳 お気にめすまま シェイクスピア全集(白水ブックス) 白水社 一九八三
(9)梅田 聡 「あっ、忘れた」はなぜ起こる:心理学と脳科学からせまる 岩波書店 二〇〇七
(10)大熊輝雄 現代臨床精神医学第11版 金原出版 二〇〇八
(11)太田信夫、多鹿秀継編著 記憶の生涯発達心理学 北大路書房 二〇〇八
(12)苧阪直行 心と脳の科学(岩波ジュニア新書) 岩波書店 一九九八
(13)苧阪直行編著 意識の認知科学:心の神経基盤 共立出版 二〇〇一
(14)苧阪直行、下條信輔、佐々木正人、信原幸弘、山中康裕 意識の科学は可能か 新曜社 二〇〇二
(15)苧阪直行編著 脳とワーキングメモリ 京都大学出版会 二〇〇一
(16)苧阪直行 意識とは何か:科学の新たな挑戦 岩波書店 一九九七
(17)苧阪満里子 脳のメモ帳:ワーキングメモリー 新曜社 二〇〇二
(18)加藤正明、保崎秀夫監修 精神科ポケット辞典 弘文堂 一九八二
(19)茅野良男訳 曙光 ニーチェ全集7(ちくま学芸文庫) 筑摩書房一九九三
(20)菊野春夫 嘘をつく記憶:目撃・自白・証言のメカニズム(講談社選書メチエ175) 講談社 二〇〇〇

(21)金吉晴編　心的トラウマの理解とケア第2版　じほう　二〇〇六
(22)小泉英明編著　育つ・学ぶ・癒す：脳図鑑21　工作舎　二〇〇一
(23)コーエン・G、アイゼンク・M・W、ルボワ・M・E　長町三生監修　認知科学研究会訳　認知心理学講座1：記憶　海文堂　一九九一（Memory：A Cognitive Approach/Open Guides to Psychology Gillian Cohen, Michael Eysenck Martin E. LeVoi Open University Press 1986）
(24)齊藤勇監修　認知心理学　重要研究集2：記憶認知　誠信書房　一九九八
(25)酒井邦嘉　心にいどむ認知脳科学：記憶と意識の統一論　岩波書店一九九七
(26)ジェーン・オースティン　大島一彦訳　マンスフィールド・パーク（中公文庫）　中央公論新社　二〇〇五
(27)W・S・モーム　西川正身訳　読書案内　岩波書店　一九九七
(28)外林大作、辻正三、島津一夫、能見義博編　誠信心理学事典　誠信書房　一九八一
(29)高野陽太郎編　認知心理学2：記憶　東京大学出版会　一九九五
(30)谷川俊太郎訳　和田誠絵　平野敬一監修　マザーグース3（講談社文庫）　講談社　一九八一
(31)中島義明、安藤清志、子安増生、坂野雄二、繁桝算男、立花政夫、箱田裕司編　心理学辞典　有斐閣　二〇〇八
(32)濱田秀伯　精神症候学　弘文堂　二〇〇七
(33)原田憲一　精神症状の把握と理解　中山書店　二〇〇八

(34)アンドリュー・シムズ　飛鳥井望、野津眞、松浪克文、林直樹訳　シムズ記述精神病理学　西村書店　二〇〇九（Andrew C.P. Sims. Symptoms in the Mind：An Introduction to Desciptive Psychopathology 3rd ed, Saunders 2003）

(35)ベアー、コノーズ、パラディーソ　加藤宏司、後藤薫、藤井聡、山崎良彦監訳　神経科学：脳の探求　西村書店　二〇〇七（Mark F. Bear, Barry W. Connors, Michael A. Paradiso. Neuroscience：Exploring the Brain, Third edition. Lippincott Williams & Wilkins 2007）

(36)スミス・M　岩波明、川面知弘訳　メモリー・ドクター：楽しく学べる物忘れ防止トレーニング　星和書店　二〇〇六

(37)森敏昭、中條和光編　認知心理学キーワード　有斐閣　二〇〇九

(38)松下正明、加藤　敏、神庭重信編　精神医学対話　弘文社　二〇〇八

(39)三省堂編集所編　相田重夫、荒井信一、板垣雄三、岡倉古志郎、岡部広治、土井正興、野沢豊監修　コンサイス外国人名事典第３版　三省堂　二〇〇六

(40)丹羽真一、福田正人監訳　統合失調症の認知機能ハンドブック：生活機能の改善のために　南江堂　二〇〇四（Understanding and Treating Cognition in Schizophrenia A Clinician's Handbook Philip D Harvey, Tonmoy Sharma Martin Dunitz Ltd 2002）

(41)久留　裕、真柳佳昭訳　画像診断のための脳解剖と機能系　医学書院　一九九五（Hans-Joachim Kretschmann, Wolfgang Weinrich.Klinische Neuroanatomie und Kranielle Bilddiagnostik Computertonographie und Magnetresonanztomographie. Georg Thieme Verlag, Stuttgart

1991）

(42) Goldstein, E, Bruce. Cognitive psychology : Connecting Mind, Reserch, and Everyday Experience. Wadsworth Publishing Company 2007

(43) Richard S. J. Frackowiak, Karl J. Friston, Christopher D. Frith, Raymond J. Dalan, Cathy J. Price, Semir Zeki, John Ashburner, William Penny. Human Brain Function（second edition） ELSEVIER ACADEMIC PRESS 2004

(44) Endel Tulving, Fergus I. M. Craik. The Oxford Handbook of Memory. Oxford University Press 2000

(45) フリードリッヒ・ニーチェ　茅野良男訳　曙光（ニーチェ全集7）ちくま学芸文庫　一九九三

(46) A・R・ルリア　天野清訳　偉大な記憶力の物語・ある記憶術者の精神生活　岩波書店（岩波現代文庫）二〇一〇

〈ジョナサン・K・フォスターの著書、論文〉

1　Jonathan K. Foster. Neuroimaging and memory. Psychology Press 1999（著書）

2　Jonathan K. Foster & Marko Jelicic. Memory : Systems, Process, or Function? Dabates in Psychology 1999（著書）

3 Jonathan K. Foster & Andrew C, Wilson（2005）. Sleep and Memory : Difinitions, Terminology, Models, and Predictions? Behavioral and Brain Sciences 28（1）: 71－72

4 Jonathan K. Foster & Andrew C, Wilson（2007）. Thoughts From the long-Term Memory Chair. Behavioral and Brain Sciences 26（6）: 734－735

5 Deborah Faulkner & Jonathan K. Foster（2002）. Decoupling of “Explicit” and “Inplicit” Processing in Neuropsychological Disorders : Insights into the Neural Basis of Consciousness? Psyche 8（2）

6 Jonathan K. Foster（2001）. Cantor Coding and Chaotic Itinerancy : Relevance for Episodic Memory, Amnesia, and Hippocampus? Behavioral and Brain Sciences 24（5）: 815－816

7 Jonathan K. Foster（2000）. Multidimensional Approach to the Mind-Brain : Behavioural Versus Shemata Vrsus Cognition? Behavioral and Brain Sciences 23（4）: 540

8 Jonathan K. Foster（1999）. Hippocampus, Recognition, and Recall : A New Twist on Some Old Data? Behavioral and Brain Sciences 22（3）: 449－450

9 Jonathan K. Foster（1997）. The “Locality Assumption” : Lesson From History and Neuroscience? Behavioral and Brain Sciences 20（3）: 518－519

訳者あとがき

近年、東北地方を中心に、未曽有の大地震に伴う大規模な津波が発生し、著しい被害に見舞われました。また、この情報は生々しい映像とともにリアルタイムに世界中に広がり、日本のみならず世界の人々に著しい衝撃を与え、将来にわたり人々の記憶に深く刻み込まれることとなりました。記憶は驚き、悲しみ、喜びなどの情動と深い関係があり、本書でもこうした記憶は「フラッシュバルブメモリー」として紹介されています。

遠い幼児期に、私の故郷は豪雨による大水害に遭い被災しました。そのときの記憶は、濁流に飲み込まれる家、家の屋根に村の人々が乗って流されてゆく光景や、避難するときの車に乗り込む車内の状況、避難させていただいたところの情景、体験など断片的に鮮明に残っていますが、記憶の中の、私が目の当たりにしたその光景は事実であったのか、実は今となっては確かめようがありません。本書には、「幼児健忘 infantile amnesia」の話が出てきますが、この私の幼児期の記憶の多くは、後に周囲の人や親から聞いた話により脚色されたものだったかもしれないことが改めて本書で再確認されました。これは「エピソード記憶 episodic memory」にあたります。また、これ以後、私は、天候の変化に対する敏感さ、異変を察知し反応する構えが人一倍身についたように思います。これは、水害以後、両親など周囲の人の災害に対する脅威や自然の変化に対する対処行動により無意識のうちに影響を受け培われたものと考えられ、現在の仕事にもおそらくは役立っているものと思われます。これはからだが覚えている記憶としての「手続き記憶 procedural memory」にあたるものとも考えられます。

このように、本書を読むことにより、様々な日常生活での出来事や過去の体験、思い出を、基本的な記憶のはたらきの枠組みに当てはめて考えをめぐらしてみることができます。

私が担当する精神機能に変調をきたす病気の様々な症状も、記憶機能と切り離すことができません。うつ病では、「物忘れ」を訴える患者さんが多いのですが、これは記憶のメカニズムの中でどの部分の問題なのか？　幻覚や妄想など病的な体験が顕現してくる病気の症状は、記憶とどう結びついているのか？　また睡眠中の夢と記憶との関係は？など、記憶に関連したテーマについては、枚挙にいとまがありません。

近年高齢化が進み、社会的な問題となってきていますが、高齢者では、身体疾患の治療で病院に入院すると、認知症が進むとの風評があります。これは、一般にせん妄といわれるもので意識の障害のため時間や場所や人に関する認識（見当識）が障害され、入院しているにもかかわらず、自宅にいると思ったり、昼夜、季節など時間がわからなくなったりすることが出てきますが、これは一過性に出現してくるもので、一般に入院前の機能水準が良い場合は回復することが想定されます。もともと日常生活ではほとんど問題なく過ごせている高齢者で認知機能が潜在的に低下している場合に、非日常的な状況になるとせん妄様の状態が顕現化し露呈してくる可能性が考えられます。最近経験した事例では、高熱のためA病院に入院、肺炎は改善しましたが、外泊時に転倒し、大腿骨骨折をして、今度は手術のため別の外科病院に入院します。手術は無事終わり、次は、リハビリ専門病院に転院しました。初めの病院では典型的なせん妄状態がみられました。二番目の外科病院では手術後、意識状態の変動がみられ、入院していることは半分わかっているようですが、結婚まで住んでいた実家が退院後に帰る家と思い込んでいる節もあります。また見舞いに来た孫を繁々眺めながら孫に向かって嬉々として息子の嫁の名前を呼び話しかけ、訂正しても嫁そっくりだと怪訝な顔をし、納得していない素振りです。その時点では時間に関する認識（見当識）はほぼ保たれていました。三番目の病院では、自力歩行で病室から出ることができるレベルになり、せん妄は改善しました。

一般にせん妄や認知症では、初め時間に関する見当識が障害されることが多く、自己や他人に関する見当識は最後まで残るといわれています。二番目の病院での場合、時間に関する認識がほぼ保たれている状態で、場所や人の誤認がみられました。つまり、これは典型的なせん妄の状態ではないことになります。親近感がなく記憶の手掛かりがない無機質な病室において、めったに来ない孫が、よく病室に訪れ世話をしてくれる唯一親近感のある嫁に見えたのです。記憶機能に余裕のない老人が、見慣れぬ人のいる見慣れない場所に次々と転院することにより、感覚入力による記憶の手掛かりを剥奪され、その場の情動を基盤とするトップダウンシステムが優位に働き、認知の変容が生じ、記憶まちがいやせん妄様の状態が出現しても不思議なことではないと考えられました。

このように、以上のエピソードも記憶機能に深いかかわりがある内容です。

これからは高齢化により、高齢者人口や認知症人口がふえ、医療現場で働く方や地域の高齢者福祉を担っておられる人々にとっても、認知症患者や高齢者の記憶障害関連症状の理解は不可欠で、記憶のメカニズムを生きた形で知ることは必須と考えられます。私も記憶の領域に関しては専門ではなく、翻訳をさせていただくことで日常的に遭遇する精神の症状と記憶の関連について考えるとても良い機会となりました。今回、オックスフォード大学プレスのA very short introdaction のシリーズのJonathan K. Foster の Memory は非常にコンパクトにまとめられた記憶の入門書で、是非これを学生諸君や多くの方々に、記憶の基礎知識の辞書のように利用していただきたいと思います。

本書では、医学用語などが多く使用されているため、より理解を深める目的で用語の解説や索引をできるだけ多く入れました。用語の解説は本文中に、索引は人名と用語に分けて入れました。また、原著者が紹介する図書以外に翻訳に際し参考にさせていただいた参考図書を掲載いたしました。本書で見てきたように、記憶や学習効果を上げるには、学習する対象を単なる意味記憶として学ぶより、書かれている知識を精緻化し、様々なエピソード記憶としての意味ネットワークに組み込むことが重要です。この精緻化をより確かなものにするために、本書のテーマとは直接無関係な用語や引用事項（英国の文化的背景をもとにした小説、映画、過去の出来事など）の説明もできるだけ多く入れるように心がけました。

また、本書の内容が正確に伝わるように心がけたつもりですが、知識不足のため勘違いや、誤訳があるかもしれません。お気づきの点等ございましたらご指摘いただければ幸いです。

最後に星和書店の石澤雄司社長、近藤達哉さんには、本書の出版にあたり多大なご助言とお骨折りをいただきました。ここにお礼と感謝の意を表明させていただきます。

二〇一三年二月

郭　哲次

索 引

事項索引

【あ行】

【か行】

【さ行】

【た行】

【や行】

【ら行】

【わ行】

人名索引

●著者紹介●

ジョナサン・K・フォスター（Jonathan K. Foster）

ジョナサン・K・フォスターは、記憶の領域において科学者と臨床家の両方の仕事を20年間にわたり行ってきました。現在は、オーストラリアのエディスクラウン大学の認知神経科学におけるシニアリサーチフェロー、西オーストラリア大学研究科教授、サー・ジェームス・マッカスカー・アルツハイマー病研究部門（ハリウッド私立病院）のシニア研究員、テレソン小児健康研究所の名誉リサーチフェロー、神経科学部門（西オーストラリア健康部門）の顧問神経心理学者で、私設開業も行っています。記憶と神経心理学に関する分野の著書 4 冊と多数の論文を出版しており、最近の著書には、M.ヒューストンと F.フィンチと共著の心理学テキスト（Blackwell, 2005）があります。

●訳者略歴●

郭　哲次（かく てつじ）

1950年　和歌山県生まれ
1979年　和歌山県立医科大学医学部卒業
1981年　同神経精神医学教室入局
1983年　紀南綜合病院新庄別館医員
1985年　和歌山県立医科大学助手（精神医学教室）
1994年　同講師
2004年　同助教授
2007年　関西医療大学・大学院教授（保健医療学部）

専攻は神経精神医学、臨床脳波学。老年期のうつ病などを中心に診療している。著書に『パニック障害100のQ&A』（監訳、星和書店、2008）がある。

記憶

2013年8月6日　初版第1刷発行

著　者　ジョナサン・K・フォスター
訳　者　郭　哲次
発行者　石澤雄司
発行所　株式会社星和書店
〒168-0074　東京都杉並区上高井戸1-2-5
電話　03(3329)0031（営業）／03(3329)0033（編集）
FAX　03(5374)7186
http://www.seiwa-pb.co.jp

ISBN978-4-7911-0853-4